遺伝子を生かす教育

行動遺伝学がもたらす教育の革新

キャスリン・アズベリー ［著］
ロバート・プローミン ［著］
土屋廣幸 ［訳］

新曜社

G IS FOR GENES

The Impact of Genetics on Education and Achievement

by Kathryn Asbury & Robert Plomin

© 2014 John Wiley & Sons, Inc.

Translation copyright © 2016 by Shinyosha Ltd.

All rights reserved.

This translation published under license with the original publisher John Wiley & Sons, Inc. through Tuttle-Mori Agency, Inc., Tokyo

双生児早期発達研究（TEDS）に参加いただいた家族に
感謝をこめて

宇宙が創造の歴史全体のなかで、
再びあなたのような人を見ることはない。
ヴァータン・グレゴリアン

日本の読者の皆様へ

　我々の『遺伝子を生かす教育』（原題：*G is for Genes*）が日本の読者の皆様のために翻訳されたことは光栄である。土屋博士には本書を訳出されたことに加えて、このまえがきを書く機会を与えていただいたことに謝意を表したい。読者の皆様には、遺伝学的研究が教育にもたらす成果に関心を持っていただいていることに感謝したい。

　このまえがきを書いているまさにこの週、科学専門雑誌『ネイチャー』に、個人がどのくらいの期間学校教育を受けるかに関連する74の遺伝子領域を見出したという論文が発表された（Okbay, A. et al., doi: 10.1038/nature17671）。遺伝子は教育の成果に重要な影響を及ぼすけれども、我々は最近まで「失われた遺伝性」の問題を解決できないでいた〔訳注：失われた遺伝性とは、ヒトのある特性が遺伝の影響を受けているにもかかわらず、その遺伝子を決めることができない状況を指す〕。教育に遺伝子が関わっていることはわかっていても、どの遺伝子が関わっているかは明らかにできなかったのである。この『ネイチャー』の最新の論文は、一人一人の個別的教育のためにDNAを予測因子の一つとして用いることが可能となる未来の到来を告げるものである。そこに至るまではまだ長い道のりではあるが、我々が2013年後半にこの本の初版を出版して以来、この領域は目覚ましい進歩を遂げた。今週の、この、将来性のある報告は失われた遺伝性に対する答えの端緒をなすものであるが、同時に、教育者と政策決定者が考慮すべき、多くの新しい疑問を提示するものでもある。

　たとえば、多くの遺伝子が関わったリスク予測因子は、教師や親や生徒にとって本当に実際的な意味があるのだろうか？　赤ちゃんが生まれたとき、もし、遺伝子型を検査して、その結果によって赤ちゃんが将来、勉強に困難のある可能性があるとか、逆に著しく優秀な子どもに育つのではないかと評価するようなことは、実は何を意味するのだろうか？　子どもたちの意欲、注意力、回復力、不安が強かったり、弱かったりするかもしれないと予測できたとしたらどうだろう？　遺伝情報を正しく用いて、有害なものにしないと保証できるだろうか？　今こそこれらの疑問を真剣に考慮して、この、わくわくする科学を、個人と社会の利益になるように用いるための戦略を策定すべきときである。

この本は遺伝的研究に焦点を当ててはいるが、より広く、教育を、医学の場合と同じように、科学的根拠に基づいたものとする必要があることを論じている。我々がこれまでに得た証拠によれば、現在の基準に従うよりも、個人の違いを考慮に入れた、より良いやり方をする必要がある。一つの学級の子どもたちを皆同じに扱うならば、個人の欲求や才能を育てることに失敗するだろう。我々がもし、この本で論じたように、個人の生まれつきの天分を育むことができるならば、それが花開き、天分が発揮されるならば、おそらく画一化されたモデルにあてはめられるよりもはるかに幸福で、健康で、社会に貢献できる市民になるのではないだろうか。

　読者の皆様にこの本を楽しんでいただければと願っている。

　　2016年5月11日

キャスリン・アズベリー
ロバート・プローミン

謝　辞

　この本を書こうと思い立ったのは数年前のことであるが、執筆にあたっては、ロンドン精神医学研究所の同僚たちが寛大に議論に応じてくれ、大いに教えられ、啓発された。彼らに感謝したい。我々の専門である行動遺伝学は相当なスピードで発展している。こうした議論が遺伝学と教育学双方の新たな発展と相携えて、さらに継続され、拡がることを期待している。

　本書の執筆は、著者の一人キャスリン・アズベリーに授与された英国アカデミーからの博士課程後奨学金の助成によって可能となった。我々の学校環境についての研究は、米国国立衛生研究所（NIH）から助成を受けている。この研究の重要性を信じてくれたこの2団体に感謝したい。

　ピーター・タラック（サイエンス・ファクトリー社）とジュディー・ダン教授に感謝したい。本書の原稿を準備する段階で、彼らからきわめて貴重なサポートと激励をいただいた。二人とも本書をより良いものにするアイデアを出してくれ、一緒に仕事をすることは喜びであった。本書のタイトルを考えてくれたニック・アズベリーにも感謝したい。

　ジョナ・アズベリーには特別に感謝したい。書ききれないほど手助けしてくれたが、なかでも、編集上のアドバイスはいつも「ぴったり」なものであった。最後に、双生児早期発達研究（TEDS）に参加していただいた数千の家族に感謝したい。本書を、参加された家族の皆さんに捧げる。我々は彼らの寛大さに慣れてしまったけれども、科学と社会に貢献するために、忙しいなか定期的に時間を割いて協力してくださった。それは実に驚嘆すべきことである。彼らが我々の研究を可能にしたのであり、尽きることのない感謝を捧げます。

目 次

日本の読者の皆様へ　　i
謝　辞　　iii

第1部　理論的に考える　　1～128

1章　遺伝学、学校、学習　　3
教育の目的と仮定　　3
個人の能力を引き出す多様な機会　　8
教室の中のDNA　　9
まとめると…　　10

2章　我々は現在の知識をどのようにして得たか　　13
双子という自然の実験　　14
DNA塩基配列決定　　16

3章　読む、書く　　19
DNAからABCへ　　20
読字能力への環境の影響　　26
読字に苦労する子どもたち　　30
書く能力の遺伝　　33

4章　算　数　　35
なぜ一部の人々が他の人々よりも数学ができるのか？　　36
養育は数学的能力にどう影響するのか？　　44

5章　体育 ── 誰が、何を、なぜ、どこで、どのように？　　49
遺伝子、スポーツ、喫煙　　52
肥満、遺伝子、環境　　55
健康の遺伝性　　57
体育授業のヒーロー　　59
まとめると…　　64

6章　科学（理科） ── 違う思考法？ — 67
科学の性差　73
まとめると…　75

7章　IQと意欲はどうやったらうまく一致するか？ — 77
IQ＋遺伝学＝論争（そして中傷）　83
自信と意欲　85
クラスで自信と認知を改善する　87

8章　特別な教育の必要性 ── 着想とインスピレーション — 91
特別教育の必要性の拡大　95
現在実施中の学習の個別化　98
まとめると…　98

9章　教室の中の「クローン」 — 101
積極性と成績　107
教室の中のクローン　107

10章　ギャップに注意 ── 社会的地位と学校の質 — 111
低い社会経済的地位 ── それはどのようなものなのか？　113
社会経済的地位が次世代に引き継がれるとはどういうことか？　117
学校の質　120

11章　遺伝学と学習 ── 重要な7つのアイデア — 123
アイデア1：成績と能力は、一部は遺伝的な理由のため多様である　123
アイデア2：異常は正常である　124
アイデア3：連続は遺伝により、変化は環境による　125
アイデア4：遺伝子は万能選手で環境は専門家である　125
アイデア5：環境は遺伝子の影響を受ける　126
アイデア6：一番重要な環境は個人で異なる　126
アイデア7：機会均等のためには機会の多様性が必要である　127

第2部　実地に応用する　　　　　　　　　　　　　　　　　　　129〜164

12章　個別化の実際　――――――――――――――――――――― 131
　　それでは、教育と学習をより個別化するにはどうしたらよいのか？　132
　　学習するのに適切な「思考態度」　135
　　学習を個別化するための他の方法　139
　　まとめると…　140

13章　11項目の教育政策のアイデア　――――――――――――― 141
　　1. コア・カリキュラムを最小限に絞って、基礎的技能をテストしよう　141
　　2. 選択肢を増やそう　143
　　3. レッテル貼りをやめよう　144
　　4. クラスはもちろん、一人一人の子どもを教育しよう　146
　　5. どうやったら成功するかを子どもに教える　147
　　6. 将来の社会的流動性に向けて早期から機会均等化を推進しよう　148
　　7. 学校におけるカリキュラム外の機会を均等化しよう　150
　　8. 2段階の体育プログラムを作ろう　151
　　9. 目的地を変えよう　152
　　10. 新人教師に遺伝学の研修を行い、実地に持ち込む技術を提供しよう　153
　　11. 大きいことは美しい　154

14章　一日教育大臣　――――――――――――――――――――― 157

訳者あとがき　165
文　献　167
索　引　175

装幀＝新曜社デザイン室

第1部
理論的に考える

1章　遺伝学、学校、学習

　遺伝学は、これまでにない速度で我々の世界を変えつつある。今や、重大な疾患を調べ、命の危険が及ぶ前に治療するためにDNAを分析したり、変更を加えることができる。あるいは、犯罪者として捕まえられた無実の人を罪から救ったり、エネルギー源を作り出すこともでき、我々の惑星を救うかもしれない。遺伝学者はその範囲を遠くへ、広く、医療や公衆衛生や農業、エネルギーと環境、法律、そして社会政策にまで広げ、影響を及ぼし、情報をもたらしている。けれども教育は、明らかにこのリストに入っていない。学校は遺伝学の教えとは無縁のままなのである。この状況は変えられなければならないと我々は信じている。

　一人一人の子どもの持つ学習能力を発揮させるのに役に立つ一つの方法は、遺伝学研究で得られた教えを活用することである。遺伝子がどう学習に影響するか、子どものDNAが家庭や学校の経験とどう作用しあうかについて、我々は現在、何もかもについてではないにしても、大量の知識を持ち合わせている。今、教育者と政策担当者は、これらの知識を教育現場に生かすべきときなのである。そうすれば学校をより良いものにし、子どもたちの能力を伸ばし、長い目で見れば、より充実したいきいきとした人々を生み出すことができるだろう。それこそが、学校教育に達成してほしいことではないだろうか？

教育の目的と仮定

　公共政策の大部分の領域と同じく、教育も意見の不一致や競合する考え方に満ちている。けれども基本のところでは、教育はすべての人に、社会人として過ごすのに必要な基本的な能力を与えるべきだという点で、我々は皆同意できる。現在、世界の多くの地域ではこれらの道具あるいは技術は、読むこと、書くこと、計算、そしてパソコンを使えることから成っている。二次的な目標も認めることができよう。ごく一部の極端な自由論者は反対するかもしれない

が、市民に教育を提供することによって社会は実際的なかたちで利益を得るはずである。たとえば最近のOECD〔訳注：経済協力開発機構。加盟国の経済的発展、開発途上国への援助、貿易の拡大などを目的とする国際協力機関。本部はパリ。1964年から日本も加盟している〕の報告では、すべてのOECD加盟国が平均的なフィンランド人と同等の教育を実施したならば、一つの世代——2010年生まれの世代——の経済的な価値の総計は115兆ドル〔訳注：1ドル=125円として1京4375兆円〕にも達するという。2090年までには、この価値は260兆ドル〔訳注：同じく3京2500兆円〕に達する。この経済的関連において最も価値が高まるであろう国々のなかには、米国と英国もあるが、メキシコ、トルコ、イタリア、ドイツ、スペイン、フランスも含まれるだろう。特記すべきことは、フィンランドの教育システムは基礎教育を非常に重視していて、最も優秀な生徒とそうでない生徒のギャップが比較的小さいことである。もちろん、教育の目的を次の2点に制限する必要は全くない。つまり第一点は社会や学校や教師が要求するぎりぎり最低限のパフォーマンスであり、第二点は第一点から生じる副次的結果である。だがこれら2つの目的が達せられないなら、それはちょうどケーキがないのに、その上に乗っけるデコレーションだけがあるような状態と言わなくてはならない。

　読んだり、書いたり、計算したり、パソコンを使えるよう学習するという単純な目的は、事実上すべての社会の構成員が、そのIQにかかわらず達成することができる。もしたとえ1人であっても、子どもが（重大な障害を持つ場合を除くが、一方、学習や感情や行動における軽度から中程度の障害を持つ子は含めて）、これらの基本的な技術を必要とされるレベルで身につけないまま卒業するなら、学校や教育システムは失敗したことになる。このような事態は、全く受け入れることはできない。

　残念なことに、この目標はいつも達成できているわけではない。若い人々はときとして11年間（1万5千時間）にも及ぶフルタイムの教育を受けながら、読み書き計算が不十分なまま学校を卒業する。このような若者の未来が幸福で、充実していて、社会の有用な構成員となるという見通しは持ちにくい。こういうことが起きると、誰もが他人を責め、バラバラになった社会のせいだ、疲れ切った教師のいるスラム街の学校だ、非協力的な両親だ、能力が低いからだ、素行が悪いせいだと言い訳をする。不可能な環境にある不可能な子どもたち、というわけである。これは責任回避である。実はもっと基本的なことが進行している。教育システム全体が、子どもたちは「白紙」であるという信念の上に

成り立っている。行動遺伝学は、この信念が間違いであると告げている。

　この教育理論（そして人間の生き方一般についての理論）は、子どもは皆同じに生まれると考えている。全く同じ能力を持っていて、経験によってかたちづくられると見なしている。子どもは何にも描かれていない白紙であって、家族や学校や社会によって書きこまれていくというのである。多くの人は、子どもたちがうまく育てばそれは大人がうまく育てたからだと信じている。学業成績が良ければ、教師が優れていて両親の支援が良かったからだと考える。逆に、子どもがずる休みをしたり、反社会的な行動をするなら、両親や教師が失敗したのであって、彼らに責任があるとされる。場合によっては、両親を懲役刑に処すべきだとなる。それほど極端ではなくても、この信念は子どもを育てるという普通の仕事を苦役にしてしまっている。この子が不安なのは私が甘やかしたからではないか？　この子が女王様然としているのはあんまり世話を焼きすぎたからかしら？　この子が隣の子より読書レベルが2段階も低いのは、超人気の学校に行かせなかったからではないか？　有名校入試のためにこの子には家庭教師をつけるべきだったのでは？　このような環境決定論が基準になって、それに必然的に伴うすべての独善と非難が横行している。

　ところが、二人以上の子どもさんのいる親御さんに、子どもさんたちは生まれたとき白紙であったか、明らかにそれぞれの特質を持っていたか、すなわち気質や食欲や要求や好みがどうだったかを尋ねてみるといい。親たちからは異口同音の答えが返ってくるだろう。子どもたちは生まれたときから違っていましたよ、と。もし、すべての赤ちゃんを生まれた家族から引き離して、全員を全く同じ政府運営の養育施設で育てたとしても、入学する頃には現在の子どもたちが違っている程度には違っているであろうし、成長するにつれて、彼らの類似点はさらに失われていくだろう。ときどき人間が発達して経験を積むと環境の影響がますます大きくなると言われることがあるが、認知能力の発達のような特質の場合は、むしろ逆が真実であるように思える。遺伝の影響が年とともに強くなり、老齢に達すると認知能は身長と同じく、ほぼ遺伝によって決まるのである。

　一人一人の違いは遺伝子の影響を受けるという事実は、白紙哲学が嘘であることを明らかにしている。このことはさらに、通常の方法で必要な基礎的能力を身につけることに失敗した子どもの教育に「ほとんど同じ」式のアプローチをすることは正しくないであろうことを意味している。通常の方法では学習できない子どもの学習を援助することはほとんどいつでも可能であるが、そのよ

うな子どもの教師は既存の枠組みに縛られずに考え、一人一人の子どもに適した援助をするため知識と経験を活用しなければならない。教師はまた、このように働くことができるように、政策的な支援を受ける必要がある。

　すべての子どもが生活に必要な基本的な技能を身につけることができるようにするためには、どんな教育システムであれ、誰ひとり子どもが置き去りにされないようにすることがきわめて重要であることは疑う余地がない。このような簡単で明瞭な目標のための政策も、同じく簡単で明瞭である。基礎的な技能を身につけようと苦闘している子どもたちに教育資源を向けること、そしていかなる方法であれ、彼ら一人一人に働きかけることである。第一番目に教育資金を供給すべきは、すべての子どもに21世紀に独立した一人前の人間として生きるために必要な、言語、計算、パソコン技術を身につけるために必要なことに対してである。残余の資金はうまくいかない理由が何であれ、学校を卒業するまでに何とかこれらの基本的な技能を身につけようと苦戦している子どもたちを助けるために提供しなければならない。これは米国や英国のような国において、社会的流動性〔訳注：個人や家族などの集団が社会階層間を上昇したり下降したりできる流動性〕を改善するための一つの方法かもしれない。けれども、基本技能を身につけるのに援助を必要とする子どもへの支援を強調することは、まだほんの出発点でしかないのである。

　すべての子どもが義務教育を自由に受けることができる社会では、教育に対する反応の違いによって生徒たちを分けることができる。ご存じのように、教師から学ぶ能力は経験よりも遺伝子の影響が大きい。公的教育が平等ではないような社会では、子どもの成績の違いに学校の影響が大きいだろう。だが先進国では、子どもの成績には遺伝子の影響が大きく、学校の影響は少ないことになる。すべての子どもについて教育へのアクセスが全く同じであるとすると、個人差の理由が説明できない。すべての教室が標準化されている公的教育では、能力と成績のベル・カーブが成立する〔訳注：ベル・カーブは正規分布またはガウス分布の曲線のことである。横軸に子どもの能力または成績をとり、右へ行くほど優秀とする。縦軸には子どもの人数をとる。能力または成績の平均の人数が最多となり、著しく低い部分と著しく高い部分の人数は少なくなる。全体の人数分布がベル型になるのでベル・カーブと呼ばれる。本書の著者たちは子どもの能力と成績はベル・カーブになるとしている〕。公的教育は集団としての成績の平均の善し悪しには影響を及ぼすけれども、子どもたちお互いの位置関係には影響しない。これは遺伝子が問題となるところであって、成績に大きな違いが生じる理由な

のである。

　これは重要な問題であり、とりわけ世界はすべての子どもに教育を提供できるように懸命になっている。ユネスコ（UNESCO、国際連合教育科学文化機関）の指導のもとで、ほとんどの国が2015年までに初等教育をすべての子どもが受けることができるよう取り組んでおり、多くの国ではこの取り組みによって初等教育機関への入学を任意ではなく義務にしようとしている。人口増加と義務教育の普及の結果、ユネスコの見積もりでは、今後30年間に人類の歴史が始まって以来教育を受けたすべての人よりも多くの人が公的教育を受けることになるだろうと推定している。2015年の目標は完全には達成できそうにないが、これは注目すべき素晴らしい達成であり、あらゆる背景を持った子どもたち、遠隔地や貧困地域や過疎地に住む、教育を受けるのにはきわめて難しい環境に住む子どもたちに何とか教育の機会を提供しようと努力してきた人々は、世界の称賛と感謝に値しよう〔訳注：本書の初版前の2012年10月にはパキスタンでタリバーンによるマララさん銃撃事件が起きている。以後もイスラム過激派による女子教育に対する攻撃が続いていて、教育の普遍化に対する障害は大きい〕。しかし、この普遍的な教育の到来は、平等な教育機会を作り上げることによって、遺伝子というかたちの自然を道案内にすることを受け入れて初めて可能となる。すべての子どもたちに教育を準備することによって、学校で他の子どもと相対的にいかにうまくやれるかに遺伝子が一番大きな影響を及ぼす状況を作り出すのである。普遍的教育は成績の平均を上げるが、同時に個人差も際立たせる。これは、教育の第一目標が正真正銘達成できたら、最悪の場合、小さな代償だということになろう。最善の場合は、すべての子どもの教育という名前のケーキに最適の色彩と風合いのデコレーションを選ぶ機会となる。そうすると学校は、生徒に可能な最善のものになるよう援助することができる。

　学校システムは、若い人たちが社会で独立して生きるために必要な技能を身につけさせる責任がある。100％に近い読み書き計算とパソコン技術を持った労働力である市民を生み出すことは、社会的にも経済的にも有益である。おそらく、教育に求められることはそこまでとすることもできる。しかし、そこから先に進むための資源と意志を持った国の場合は、遺伝的な影響による個人差という事実が、基本的な技能を身につけるのに苦闘する人だけでなく、すべての人において課題になってくる。いったん生徒が社会生活に必要な技能を身につけたら、次には個人の能力を引き出すことに焦点が当てられなければならない。このようにして学校は、個人の実現と達成を促進することができる。そし

て自分の才能を知っており、才能を生かすすべを教育された若い人々の世代を準備するのである。しっかりした基本的な技能で裏打ちされた広範な専門的能力と関心を持った若い人々の世代が続くことで、社会は確実に利益を得るだろう。我々はその良い影響が健康、法律と秩序、雇用、経済に及ぶだろうと予想する。

個人の能力を引き出す多様な機会

才能と好みが学問的な仕事に向いている子どもたちがいることは誰もが知っている。この2つの特質は遺伝子によって決定されるわけではないが、その影響を受ける。こういう子どもたちは学校にとってすこぶる扱いやすく、現在のシステムでうまくやることができる。こういう子どもたちを有名校が選び出して、この子たちの成功が我が校の優れた教育の成果であると主張される。現在の教育政策と「白紙」哲学が、こういう子どもたちをその見本として取り上げる。関係者が一生懸命頑張れば、全部の子どもたちがこのモデルにあてはまりますと言っているのだ。結果として、子どもの持つ生まれながらの能力や関心や希望や夢におかまいなく、現在のやり方は勉強に向いていない子どもを凡庸な一般人にしてしまっている。これは現在の教育政策と実践が変わらなければならない理由の一つである。遺伝学は、有益な効果をあげるだろう変更を助言できる。

多様な技術と才能を認めて、それらに応えることのできる社会は利益を得るだろう。子どものとき、指先の輪や渦の模様は一人一人にユニークだと教わった。たいていの子どもにとって、この知識は驚きであり喜びだった。ユニークであることは素晴らしくて、愉快なことなのだ。けれども現在の教育システムは、あまりにもしばしば、このユニークさを抑圧しようとして、若い人々を全く同じように作り上げようとする。四角いクイを丸い穴に押し込もうとする。遺伝学の初歩の初歩を理解するだけでも、学校は生徒のユニークな才能や興味を伸ばしてやることで、生徒と社会により良く貢献できるとわかるはずである。学校はサムにはサムの、サラにはサラの、彼らしさ、彼女らしさを可能にする教育方法を見つけて、二人ともが自分たちが生きることを選んだ世界で有用な人間となることを助けることができるのである。遺伝子と環境の相互作用をもっと詳細に理解すれば、選択肢の広さがカギであることがわかる。なぜかについては後述したい。

言い換えると、いったん基礎学力が身についたあとでは、より高いレベルの教育は子どもの潜在能力を引き出し、サポートすることを目的としなくてはならない。この「引き出し効果」がラテン語の「エデュケーレ（educere）」の意味であり、この言葉から「教育（education）」という語が生まれた。子ども自身が持つ能力を自覚させて、学習への愛を育むことは教育の重大な責任であり、それには優れた教師が持つ知識と感受性と専門的知識を総動員する必要がある。教師は子どもの発達の専門家でもあるべきで、優れた人格と意思疎通の技術を持ち、一人一人の生徒とのつながりを持ち、生徒の必要と希望を理解して適切な方法で育ててやらなくてはならない。これは、教職が尊敬を受ける専門的職業であり、教職課程は競争が激しく、優秀なたくさんの学生を引きつけるとき可能になるだろう。また、優秀な教師が信頼され、自分自身にとっても生徒たちにとっても最善のものになるように教育を進めることができるとき、可能になるだろう。

教室の中の DNA

　今述べたのは、個別化（個人化）した学習システムのことである。このシステムのもとでは基礎技能を身につけるだけでなく、個人の才能や能力を伸ばすことができる。行動遺伝学は、このようなシステムを現実化する方法を教えてくれる（すぐにでも我々の試みをご覧になりたい読者は、13章と14章へスキップされたい）。カギはDNA（遺伝的特徴あるいは遺伝子型）と学習環境の相互作用についての理解である。我々はなかでも、遺伝子－環境相互関係と呼ばれる過程の知識を利用したい。この相互作用には主要な3つのタイプがある。1番目は**受動的**遺伝子－環境相互関係である。たとえば向上心と能力の低い両親が自分たちの遺伝子を子どもに伝えるだけでなく、教育的な刺激の乏しい環境をも子どもに伝えるような場合である。2番目は**喚起型**遺伝子－環境相互関係である。子どもたちが自分の遺伝的な傾向に基づいて行動を起こす。これが学習の個別化に重要であることは容易に見てとれる。ある子どもが素早く計算できることに教師が気づいたら、その子の数学的技術と知識が伸びるようにもっとチャンスを与えるだろうし、年齢相当の数学レベルにはこだわらないでもっと伸ばしてやるだろう。同じことは言葉の能力が優れた子やリーダーシップに富んだ子、対人関係のうまい子にも言えるだろう。教師は一人一人の子どもの強みと弱みに気づく感受性と時間を持たなくてはならないし、子どもたちが生

まれつき持っている能力を発揮できるチャンスを与えてやらなくてはならない。3番目に**能動的**遺伝子－環境相互関係がある。ここでは、子どもたちは自分の遺伝的傾向にしたがって、自分から進んで経験や機会を探す。この子たちは自然に、自分にふさわしい人々や活動に引きつけられる。正真正銘の個別化された学習が行われる教室では、子どもたちは自由に能動的な学習ができる。ちょうど植物が太陽や水を求めるようなものだ。子どもたちは基本的技術を習得するための教育は別にして、厳しく決められた時間割に従うために自分の強い希望を傍らに押しやるよう求められたりしないのである。

　3つのタイプの遺伝子－環境相互関係に関する研究は、子どもたちの遺伝的影響を受ける違いに対する感受性が、真正の個別化した教育を提供したいと望む学校や教師にとって、最も期待できる手段であることを意味している。十分な感受性と技術を備えた教育と、創造性と個人の発達を生み出すように計画された教室ともども、この仕事を作り上げるカギは、遺伝学を理解することと、異なる行動の遺伝の程度を理解することである。この目的のために、すべての教師の教育訓練において、遺伝学教育は核心をなすものなのである。

まとめると…

　教育の基本的な目標は、子どもたち自身と社会全体のために、すべての子どもに読み書き、計算とパソコン技術の基本的な道具箱を身につけさせることにある。これらの技能が身につかないまま子どもが学校を離れることがあるようなら、どんな教育システムも、失敗と言わなくてはならない。遺伝学は、ある子どもたちは生まれついての特質のために、これらの基本的な技能を獲得することが難しいかもしれないことを教えている。したがって十分な技能の道具箱をこの子どもたちが身につけるためには、その必要に応えるだけの個別化されたサポートが準備されなくてはならない。基本的な技能の習得以上の教育が可能な場合は、子どもたちがまっさらな白紙ではないことを認識して、生徒の一人一人の違いを喜んで受け入れる必要がある。個別化した教育によって遺伝子－環境相互関係を受容して、学校は一人一人の子どもの生まれつきの能力を引き出し、その子の教育プランを作らなくてはならない。教育プランは偏見を持ったり、選挙の得票に媚びるような政府によって恣意的な枠をはめられるものであってはならず、生徒の能力と興味に基づかなくてはならない。

　遺伝学者は、このような教育の目的を達成する手助けをすることができる。

子どもたちをまっさらな白紙や空っぽの容器として扱ったり、学校に工場の工程表のようなモデルを持ち込んだり、すべての子に恣意的に同じ目標を押し付けたりするようなアプローチは、自然な子どもの発達過程に逆らうことであると、遺伝学は明瞭に示している。本来備わっている個人の能力や発達の違いに反応するようにデザインされるならば、学校と教育政策は改善されるだろう。これこそ、優れた教師たちが教室で試みてきたことなのである。数千人の教師が、子どもたちの能力と成績に対して、生まれつきの特質は育て方と同じ程度、重大な影響を及ぼすことを知っていると我々に語ってくれた（Walker and Plomin, 2005）。けれども、たくさんの教育政策が遺伝学を考慮したり、人材を育成したり、個別化を進めることを事実上不可能にしている。

　最初にも述べたように、もうこの状況を変えるべきときである。遺伝学者は教育者や政策担当者とともにじっくりこの課題に取り組むべきである。我々は今や、明らかな違いを生み出すのに十分な知識を得ているのだ。また我々は、すぐ間近に迫っている遺伝学の進歩にも準備しておかなくてはならない。たとえば一人一人の生徒の強みと弱みを予測するための「DNAチップ」〔訳注：DNAマイクロアレイとも呼ぶ。細胞内の遺伝子発現を測定するために、多数のDNA断片をガラス等の基板上に高密度に配置した分析器具。数万から数十万の遺伝子発現を一度に調べることが可能〕が間もなく利用できるようになるだろう。この情報は、教育の個別化のために使われるだろう。同様の技術が、すでに循環器病学や免疫学の領域では用いられている。この技術が教育に用いられるのは時間の問題である。けれども現在の行動遺伝学の能力を利用するだけでも、間違いなく子どもたちの教育を改善することができる。この本の第1部では、このような主張の証拠を示そう。第2部では、理論を実現するための暫定的な提案をしたい。暫定的というのは、この提案は公式の政策提言となる前に、実地に試みられた上で明確な基礎が打ち立てられなくてはならないからだ。次章では、行動遺伝学者がどのようにして知識を得てきたかを説明することから始めたい。

2章　我々は現在の知識をどのようにして得たか

　我々は双生児早期発達研究（TEDS）を行っている心理学者と行動遺伝学者である〔原注：ロバート・プローミンがおよそ20年前にロンドン大学キングズ・カレッジSGDPセンターにTEDSを設立した。キャスリン・アズベリーは2000年からこの研究の共同研究者である〕。1994年から1996年のあいだにイングランドとウェールズで生まれた双子の全員にTEDS研究への参加を要請し、それ以来我々は、参加登録をした親御さんたちの数千人の双子の子どもたちを追跡調査している。これら家族は、遺伝子と環境が学習に及ぼす影響を明らかにする国際的研究にTEDSが貢献することを可能にしてくれている。彼らの支援にいつまでも感謝したい。
　我々の研究棟には大きな地下研究室があって、そこでは主に生物学者と生化学者から成る科学者たちが、分子レベルの遺伝学的資料を用いて研究している。この建物の残りの3つの階では心理学者や医師や疫学者や生物情報学者や統計学者やプロジェクトマネージャーやデータマネージャーや広範なサポートスタッフが仕事をしている。あるチームは双子のサンプルを使い、別のチームは養子と彼らの家族のサンプルを、また別のチームは双子の親から生まれた子どもたちのサンプルを、そしてステップファミリー〔訳注：再婚により生じた義理の家族〕のサンプルを使っているチームもいる。我々の研究では、参加者に研究センターに来てもらって観察やテストをすることもあれば、電話やインターネットで連絡したり、家庭に訪問したりもする。参加者と話をするだけのこともあるし、何ができるかテストすることもある。または彼らのDNAサンプルを提供してもらったり、神経画像研究への参加をお願いしたりもする。我々の建物にいる人は皆、そして我々の行うことは皆、生まれ（遺伝子）と育ち（環境）の働きとそれらの相互作用をより深く理解することに向けられている。
　この章では、どのようにして双子研究がなされるのかを簡単に見ておこう。理由の一つは、我々自身の研究が双子を対象にしているからであるが、また、遺伝子を考慮した教育学研究においては、双子を対象とした研究計画が世界中

で最も普通に用いられる方法だからでもある。また、DNA配列決定法の大変革についても述べよう。このような背景説明が、我々がこの本でこれから述べていく発見にどのようにして至ったかについて、そして遺伝学と教育の技術が結びついてできる将来の発展の可能性について、読者の理解を助けてくれるだろう。

双子という自然の実験

　双子研究は、行動遺伝学で最もよく行われる研究方法である。一卵性双子と二卵性双子の違いを調べることによって、我々すべてにとって意味のある生まれと育ちの仕組みを明らかにすることができる。過去18年以上にわたってTEDS研究に参加してくれた双子たちとご家族は、この本で述べる研究成果とアイデアの多くの根拠となる情報を惜しまず提供してくれた。それでは、遺伝学者を強く引きつける双子の性質とはいったい何だろう？

　その答えは、基本的には一卵性双子同士の遺伝子は100％共通しているが、二卵性双子同士の場合は50％しか共通していないということである。双子はユニークで重要な自然の実験である。人間のあらゆる行動特性について一卵性双子は二卵性双子より似ているかどうかを調べることで、その行動特性がどの程度遺伝子の影響を受けているかを評価することができる。双子研究によって、次のようなことを明らかにできる。人々のあいだの肥満や精神病質や学業成績などの特質の違いのどれだけが遺伝子の影響を受けるのか（遺伝性）。あるいはたとえば同じ住宅や同じ家族環境にいるという共通環境効果はどうなのか（いわゆる育ち）。あるいは家族のメンバーとは共有しない体験、たとえば事故や友情や昔から人々が求めてやまない幸運のようなことがらの影響はどうか。

　我々は一卵性双子のあいだの特定の行動の類似性と二卵性双子のあいだのそれを比較して遺伝性を計算する。もし一卵性双子の方が二卵性双子よりずっと類似しているなら、それは遺伝子の影響だと解釈する。というのは、この2群の決定的な違いは、一卵性双子は二卵性双子より遺伝学的にもっと類似しているという事実にあるからである。類似性を決めるのには相互関係を用いる。双子に1.00の相関があれば、彼らのあいだに違いはないと推論する。彼らは互いに全く同じである。双子の相関が0.00であれば、類似性はないと判断する。当然のことながら、実際の相関はほとんど常にこれら両極端のあいだに入る。もし、ある行動特性、たとえば内気について一卵性双子のあいだの相関係数が

0.75で、二卵性双子が0.50であれば、この2つの相関係数の差を2倍して（2 × 0.25）、内気の遺伝性は50％であると評価する。残りの50％は、子どもたちが育った環境にあると説明される。

　行動遺伝学者は、育ちあるいは環境を2群に分類する。一方を共通環境、他方を非共通環境と呼ぶ。共通環境は同じ家族の中で育つ子どもたちに同じように及ぼす非遺伝的影響を意味する。これらの影響としては、それぞれの家庭や隣近所、学校や食事やテレビやインターネット、小遣い、両親の関係、両親の教育程度、家庭の収入、家庭にあるピアノや本、あるいはペットのようなさまざまな共通の影響が考えられる。双子（あるいは一緒に育っている双子ではないきょうだい）双方に存在するもの、また、彼らに同じように経験されるものはすべて、共通環境の影響と言える。これは育ちの要素であって、我々を優れた者にしたり、全くダメにしたりするものとされてきた。このようなフィリップ・ラーキン風の世界観（「彼らが君をダメにする。君の母さんと父さんさ。」）に対する素晴らしい反論に、ジュディス・リッチ・ハリスの『子育ての大誤解（*The Nature Assumption*)』（Harris, 1999）がある〔訳注：フィリップ・ラーキンは英国の詩人、小説家。口語的、内省的、あるいは抑制した皮肉の一方、大げさな悲しみを表現するなど、多様な表現者。1922-1985; ジュディス・リッチ・ハリスはアメリカの心理学者。親は子の発達にとって最も重要な要因であるという信念を批判している。1938 －〕。ハリスは自分たちの遺伝子を伝える以外には、親は子どもの成長にはほとんど影響しないと言っている。親の影響は主に、自分たちと子どもたちの相互関係の質と、子どもの成長の記憶の質に限られる。ハリスは、子どもが成長して大人になる過程では、仲間の方が親よりも環境として大きな影響力を持っていると言う。この仲間仮説はさらなる検証が必要だが、近年の多数の研究によれば、我々のあいだの違いを生み出す環境は、一緒に育つきょうだいが同じように経験する環境とは異なるという。

　相関係数1.00と一卵性双子の相関係数の差が非共通環境、つまり個人に特有の経験の影響を示すことになる。客観的には共有されない経験がある。たとえば双子の一人が氷に滑って骨折することがあっても、もう一人はどうもないであろう。一人が学校の水泳チームの最後の枠に選ばれた日に、もう一人はインフルエンザで家にいるということもあるかもしれない。彼らは別の子どもたちと親友になるかもしれないし、違うクラスになったり、正しい場所にいたり、間違った場所にいたりするかもしれない。長年にわたる小さな、あるいは大きな非共通の経験が、一卵性双子を次第に違う人間にしていくだろう。2組の同

じDNAが2つの異なった経験を旅して、大いに異なった一卵性双子を作っていくのである。本人が知覚する主観的な非共通環境も発達に重要である。たとえば、もし、双子の両親が離婚した場合、二人の子どもたちは一卵性双子であっても、おそらく異なった経験をするだろう。一人は家を出なくてはならない親により近いかもしれないし、一人は不快な言い争いを耳にするかもしれないし、一人はもう一人より変化に弱いかもしれないし、学校でもつらい経験をするかもしれない。このようにして、客観的には共通のできごとが非共通の経験に形を変える。離婚という同じできごとが、それぞれの子どもにとっては違う経験になるのである。この本の後ろの方で、実際、一卵性双子は世界を違うように知覚しているという研究について述べよう。とくに9章では、たとえ同じクラスにいて同じ教師から教えられても、一卵性双子の学校経験は異なっていることを示そう。

　要約すれば、何らかの行動特性の違いに関する、遺伝子や共通環境や非共通環境の相対的な影響を評価するために、我々は双子研究の証拠を用いるのである。いったんそのような情報が得られたら、個人の能力と達成を最大にするには遺伝子や環境をどう扱えばよいか学ぶことを目指して、実際の遺伝子と実際の経験とを調べることができる。この点で我々は今のところ十分成功している。すべての子どもたちが可能な限り効果的に学ぶことを助けるべく、個別の遺伝子情報と環境情報をどのように使うかを理解し始めているのだ。

DNA 塩基配列決定

　かつては誰もが、もし我々が自分たちのDNA配列を明らかにでき子細に調べることができさえすれば、数学の遺伝子や作文の遺伝子や長い足の遺伝子や魅惑的な無垢な微笑みの遺伝子を見つけることができるだろうと思っていた。さて、今やゲノム（全DNA）の全塩基配列が決定されたが、これですべてが終わったのではなかった。分子遺伝学が明らかにしたことは、人間の行動特性の大部分は多数の遺伝子の組み合わせから影響を受けていて、そこに含まれる個別の遺伝子の一つ一つは小さな効果しかなく、そのため行動特性に関与する遺伝子を発見するのは極端に難しいということであった。予期しなかったこの難題にもかかわらず、学習能力と学業成績に影響する遺伝子を見つける作業は進歩しているし、この進歩をさらに進めるような新しい技術も現れている。今後、最も我々を興奮させるであろう進歩は、学習能力と学習障害に影響する遺伝子

を同定する分子遺伝学の道具を使うことと、この研究の成果でもって、教育に肯定的で実際的な違いをもたらすことである。

　ヒトゲノムプロジェクトは2003年に完成した。DNAの構造と機能が発見されてからちょうど50年後である（Watson and Crick, 1953）。このプロジェクトは2000人の研究者と30億ドル［3750億円］の費用を要した。これは分子遺伝学における技術革新を証言している。というのは、10年後の今、我々は2万ドル［250万円］以下の費用で、わずか数時間のうちに、個人のゲノムの全配列を決定できるのだから。数年のうちには費用はさらに安くなって1万ドル以下になるだろうと予測されている。技術が進歩するにつれて全ゲノムDNA配列法はより早く、より手ごろなものになるだろうし、それは世界に大変な影響を及ぼすだろう。

　DNA塩基配列決定の費用は急落しているので、多数の個人のゲノム全体の塩基配列が明らかになるような時代になるだろう。このことは新しい疑問を生み出すことにもなる。我々は何者なのか、個人として、また、ヒトという種族として、我々はどう生きるのか。一部の遺伝学研究者は、これから数年のうちに全ゲノムDNA配列法は医学の基本的な要素になるだろうと予測している。たとえば米国国立衛生研究所〔訳注：NIH、年間予算300億ドルを米国民のための医学研究に投資している〕所長で、ヒトゲノムプロジェクトの前の責任者であるフランシス・コリンズは次のように書いている。「全ゲノムDNA配列法が数年のうちには新生児スクリーニングの一部になるだろうということを……私はほとんど確信している。……数十年のうちには人々は、我々の現在の状況が信じられないかもしれない。当時はわずかそれっぽっちのスクリーニングしかやっていなかったのか、と」（Collins, 2010, p.50）。このようなスクリーニングはまだ可能にはなっていないが、コリンズの予測は現実的である。その意味するところは、実際的、倫理的、道徳的、法律的、政治的、そして教育的に広大であり、真剣な考慮に値する。

　目下は、全ゲノムDNA配列法はまだひどく高価であるので、研究者はDNAアレイ（遺伝子チップ）を用いる。これは小さな器具で一度に100万個のDNAの変異を同定できる。DNAアレイは個人間のDNAのわずかな違いを調べることができる。ヒトは互いに99.5％のDNAを共有している。同じような表現をするならば、ヒトのDNAはバナナのDNAとも50％以上を共有している。残りの0.5％が行動遺伝学の最も重要な点であって、個人間の違いの遺伝性を説明する。DNAアレイは2000年には市販されて、数百万のDNA多型〔訳注：

同じ遺伝子座内に複数のDNAの型が存在すること〕を短時間で安価に解析できる。遺伝子チップの強みの一つは、カスタマイズできることである。すでに心臓血管機能に関連したDNA変異を調べるためのカルジオチップ（CardioChip）が市販されているし、免疫学的異常を調べるイムノチップ（ImmunoChip）もある。やがてはラーニングチップ（LearningChip）を手にすることができるだろう。子どもたちの認知能力と学業成績に関する遺伝的な違いを、信頼を持って予測できるDNAアレイである。こんなチップを我々はどう使いたいというのだろう？　このチップはどんな長所を持っていて、どんな問題を生じる可能性があるのだろう？　今はもう、これらの質問をして、答えを出すべきときである。これらの質問についても、答えについても、山のような科学的、かつ公開された議論が必要であるが、14章でそれを扱うことにしよう。専門化されたDNAアレイを作るのは高価だが、もし研究者と政策担当者が協同して、学習障害のリスクがある子どもたちの障害をある程度予防するような、遺伝学的考慮を払った介入計画にアレイを使うことができれば、十分、費用対効果が高いのではないだろうか。

　近年、ゲノムワイド関連解析（GWAS）〔訳注：ゲノム全体にわたって50万個以上の一塩基多型（SNP、スニップ）の遺伝子型を決定して、SNPの頻度と疾患や行動特性などとの関連を調べる手法〕によって、さまざまな医学的な状態や教育効果や行動特性の遺伝性に関するDNA変異を明らかにする計画に大変革が起こった（Hirschhorn and Daly, 2005）。ヒトの行動特性は、今や、多数の遺伝子の影響を受けると理解されていて、それらの遺伝子は一つ一つはわずかな効果しか持たないのだけれども、それに関連するDNA変異（SNP）をゲノム全体にわたってスキャンしていけば、遺伝学研究を大きく飛躍させることができるだろう。このような研究は基礎研究を、教育を含めた日常生活への応用へ間違いなく加速させるだろう。我々は、前方に迫る大きな変革に対して準備しなくてはならない。

3章　読む、書く

　小さな子どもたちが読むことを学ぶ様子を見ると、まるで魔法のようだ。彼らが目の前にあるページに書かれた、なじみのない記号をだんだんと解読して結びつけ、それらが意味するお話や情報に変えていくのを見るのは、親にとって心を動かされる体験である。あなたが座ってパソコンに向かっているとき、子どもが後ろに忍び寄って来て、つっかえながら、「アマゾン」とか「グーグル」と発音するのを初めて聞いたら、あなたは誇らしい思いをするだろうし、本当に不思議に思うだろう。どうやって、こんなことができるようになったのだろう？　どうしてわかったのだろうか？（あなたが本当は仕事をしているわけじゃないと知っているのだろうか？）子どもが集中して、眉間にしわを寄せながら楽しみのために初めて一人で本を読んでいるのを見ると、感動的ですらある。たいていは自動的にこなしている活動を、違う眼で見ることになる。まるで車に飛び乗って、クラッチペダルの位置を確かめたり、バックミラーをチェックしたりして、走り去って行くのを見るかのようだ ── これよりずっと印象的だが（たいていの人にとっては、読み方を学ばなければならない暗号解読の勉強より、自動車運転実技の方がやさしい）。

　我々は人類を最も進化した生物種だと考えたがるが、読むことについて最も興味深いことはヒトの進化の歴史の中でごく最近身についた能力だということである。我々は生まれながらに読む本能を持って生まれるのではない。もし教えてもらわないならば、読むことは学べない。読むことは環境がきっかけとなる技術であって、自然選択が長い年月にわたって有利となる選択をしてきたではあろうが、ヒトの本性ではない。しかしそれでも、遺伝子によって、読字能力の優れた子とそうでない子の違いを大方説明できることが研究によって示されている。どうしてそんなことが言えるのだろう？　進化学説は読字能力（あるいは無能力）は遺伝的なものではないと予測しているのに、行動遺伝学は読字能力は遺伝的であると述べているのはなぜだろう？　この難問を解決するには、読字の学習を助ける技術の組み合わせを考慮する必要がある。次の各要素

はすべて関係している（けれども、すべてが必要なわけではない。というのは、重度の視覚障害や聴覚障害の子どもたちも高い読字能力を得ることが可能だということが、十分に証明されているからだ）。

　一番最初の教師が文字を差し示し、どう発音するかを教えるとき、子どもには見る能力と聞く能力が必要だ。また、音（フォニーム、音素）とページに書かれている形（グラフィーム、書記素）を、頭の中で結びつけることができなくてはならない〔訳注：音素は時間の流れに沿って切った、音韻論の最小単位。「たき（滝）」と「かき（柿）」の語頭の /t/ と /k/ など。書記素はある音素を表す文字や記号、またはその組み合わせの集合。英語の音素kの書記素は、kとc〕。個別の音が認識できるようになったら、音の混ぜ方を学ばなくてはならない。十分うまく音を混ぜることができるようになったら、今度はグループ化された音が単語や文章になって実際に何かを意味することを理解しなくてはならない。たとえば f-l-o-w-e-r という音のグループを視覚と想像力とに結びつけて、花びらと茎を持ったある物を頭の中で作り上げなくてはならない。ある子どもの心の中では、花はデイジーで、ほかの子ではバラで、別の子では線画だったり、写真だったり、記憶だったりするかもしれない。けれども f-l-o-w-e-r の中に含まれる書記素と音素は、f-l-o-w-e-r の読み方を習った子どもの心の中で花のイメージを育てるのである。

　見ること、聞くこと、見ることと聞くことを結びつけること、そして想像すること。読字は、これらの技術の第一の目的ではない。これらの技術は自然に、人生の経験によって生じてくる、生き延びるために重要な能力である。読字は社会の影響を受けて構成されるもので、これらの技術を驚くべき全く新しい方法で用いる作業なのである。ちょうど木切れをこすり合わせて火を起こすようなものだ。それが読字に遺伝性がある理由である。つまり、たくさんのパーツからなる能力であり、それらのパーツの多くは、何らかの遺伝的影響を受けるのである。このことはまた、一部の子どもたちや大人たちが持つ読字の問題を分類したり、解決したりするのが非常に困難な理由でもある。視力に問題があるのか、聴力か、神経回路か、認知関連領域か、DNAか、個性か、家庭環境か、学校環境か、これらのすべてか、それとも他の問題なのか？

DNA から ABC へ

　読字は行動遺伝研究者たちから最も注目されてきた学習能力である（Olson,

2007)。理由の一つは他の能力よりも測定が容易であることだが、読字は現代文化にとって神聖にして侵すべからざるものだからとも言える。理科や体育や歴史や音楽や数学に苦労して取り組んでいる子どもが、読字と苦闘している子どもと同じパニックに陥ることはない。もっとも文化圏によって多少の違いがあるようで、国によっては、たとえば数字をうまく扱えない大人は、うまく読字ができないのと同じほど恥ずかしいと感じるのである。

　読字能力は正規分布している。典型的なベル型カーブである。それは大部分の人は読字能力の平均付近に大きな塊を作っていて、一部の優秀なグループと一部の苦労しているグループがいるような分布形式である。読字能力については遺伝子の影響が非常に大きい。遺伝性は60〜80％のあいだで安定していると推測されている。いくつかの研究によれば、読字能力の違いは、かなりの部分は遺伝的影響によって説明でき、わずか20％が環境によって説明されるにすぎないという（Kovas, Haworth, Dale, and Plomin, 2007; Wilcutt et al., 2010）。最近、同じような結果が、文字が非常に異なっているにもかかわらず、中国からも報告された（Chow et al., 2011）。

　一方、研究者たちは読字能力と関連した遺伝子を探し始めている。しかし遺伝子の発見がたとえ再現性のあるものだとしても、人々同士の読字能力の違いのごく一部だけを説明するにすぎない。このよく知られたパターンは量的形質遺伝子座（quantitative trait loci, QTL）仮説と結びついている。この仮説を支持する夥しい数のデータがある。この仮説によれば次のような説明になる。稀な、重症の単一遺伝子病を除くと、一般的なヒトの形質はすべて多数の遺伝子の影響を受け、一つ一つの遺伝子はわずかな効果しか持たない。これは我々が最初に予想したこととも違うし、新聞がしばしば報道することとも全く違う。その意味するところは、単独の言語遺伝子も、ADHD［注意欠陥多動性障害］遺伝子も、がん遺伝子も、サッカー遺伝子もないし、将来も決して見つからないだろうということだ。我々の行動に影響するような遺伝子は稀な突然変異遺伝子ではなくて、普通に見つかる小さな変異にすぎない。これらの小さな変異は、大部分の人が持っている。正規分布のどの点上の人も持っているのである。これらの遺伝子は組み合わさって、我々の考え方、行動、そして社会が我々をどう分類するかに影響を及ぼしている。金持ち、貧乏人、乞食、泥棒？　失語症、天才、反社会性、内気？　これらは互いに作用しあって、また、環境の影響を受けて、人間の能力、健康、幸福など、測定できるどんな人間の特性であれ、人々をベル型の曲線上のどこかに位置づける。

これの意味するところは、異常も正常のうちだとわかってきたということである。すなわち、能力や健康や幸福の極端にある人や全くない人（異常）は、普通、他の人と遺伝的な違いはないということである。軽度の学習障害や身体的または精神的な健康問題をかかえた人も、他の人と同じベル型曲線の上に乗っていて、他の人と同じ遺伝子の影響を受けている。病気とか障害（異常）とか呼ばれるような状態は、一般に正規分布した能力分布曲線の最も低い端っこにあるというにすぎないのである。

　これは破壊的な、稀な単一遺伝子病であるハンチントン病やレット症候群や遺伝子、あるいは染色体異常による学習障害のような場合にはあてはまらない。これらの病気に苦しむ人々は、統計学的には［ベル型曲線から大きくはずれた］はずれ値になる。これらの人々は遺伝学的に一般の人々とは異なっていて、実際、しばしば困難な状態にある。けれども普通の人間の特性については、ある人々は遺伝的な疾患を持っていて、他の人々は「正常」で健康であるという言い方は通常は不正確である。近年ますます増加している研究の成果によれば、事実はそうではない。読字（Fisher and DeFries, 2002）も含めた大部分のヒトの特性は、多数の遺伝子と（量的形質遺伝子座仮説）多数の経験の影響を受ける。そして問題のある人々も、ほかのみんなが持っているのと同じ遺伝子に影響を受けているのだ。異常は異常とは言えない。我々の行動は他の人々の行動と異なっているのではなく、人間の行動というひとつながりのスペクトラムの上に位置している。この本の第2部で述べるように、教育システムを打ち立てるときに、この異常と正常はひとつながりのものという考え方は非常に重要である。

＊　＊　＊　＊　＊

　読字の行動遺伝学的研究の多くは、オーストラリア、スカンジナビア、英国、米国の研究参加者を対象とした4つの代表的な双子研究に端を発している。すなわち、我々はこれらの国々の人の遺伝と環境が読字能力に及ぼす影響についてコメントできる立場にあるということになる。これらの研究からよく見出されることは、中程度〜強い遺伝性が推定されていることのほかに、読字が強い遺伝的安定性を持つということである。つまり、子ども時代の初期に読字能力に関連した遺伝子のスイッチが入り、生涯にわたって活動を続けるように思われる。たとえば読字能力の前段階であるアルファベットの学習能力は、後年

の読む能力と遺伝的に相関している（Hayiou-Thomas, Harlaar, Dale, and Plomin, 2006; Hensler, Schatschneider, Taylor, and Wagner, 2010）。言い換えると、3歳のちっちゃなトミーがABCを理解するのに影響している遺伝子が、9歳になってハリー・ポッターを読むときにも影響しているということだ。

　この発見は、行動遺伝学研究によって明らかになった主要な原理の一つ、つまり連続は遺伝的で変化は環境によるという原理と結びついている。時間とともに起こる、特徴の定まらないどんな大きなパフォーマンスの変動も、良い変化であれ、悪い変化であれ、遺伝子よりも経験の結果であるとされる。たとえば意欲を起こさせるような教師や、多大の練習、精神的な喪失体験、あるいは悪い友達である。この連続は遺伝によるが変化は環境によるという金言は、遺伝を考慮した教育に関する我々の基本的なアイデアの一つである。この本の第2部では、この金言を出発点に考えていこう。

　けれども読字能力は60〜70%遺伝によるというのは、いろいろな点で単純すぎる。我々はすべて異なっている。それは一つには、我々の遺伝子が異なっているからである。遺伝的な違い（変異）は我々が生まれたときから存在するが、遺伝子が相互に作用したり、環境の影響を受けて、その変異は増強される。遺伝性であるという見積もりの中に一部の環境効果が隠れているということがあるだろう。そういう環境効果は、遺伝子と相互作用することによって間接的に働くからである。

　遺伝子－環境相互作用の良い例がある。これは普通は行動遺伝学者がしないようなタイプの研究なのだが、3つの大陸 ── 北アメリカ（コロラド州）、ヨーロッパ（ノルウェーとスウェーデン）とオーストラリア（ニューサウスウェールズ州） ── の双子についての読字能力に関する重要な研究で、現在も継続されている（Samuelsson et al., 2008）。行動遺伝学は通常は集団のあいだの違いではなく、個人のあいだの違いを研究する。けれども、この研究は州または国全体の能力を高めることに関する議論に関わっている。コロラド州とオーストラリアの子どもは5歳になったら学校に行くように法律で決められている。けれども、オーストラリアの子どもは1週間に5日間、午前9時から午後3時まで学校に行くのに対し、アメリカの子どもは1日に3、4時間、幼稚園に行くだけである。さらにオーストラリアの子どもの場合は、全国的なカリキュラムによって、1週間のうち少なくとも35%の時間は読み書きに割くように決められている。コロラド州の場合は、読み書きを教えることを求めた州レベルでのカリキュラムはない。

スウェーデンとノルウェーの子どもの場合と比較すると、さらに驚かされる。この2国では義務教育開始年齢は7歳である。それまでにほとんどの子どもは幼稚園に通うのであるが、幼稚園では読字教育よりも社会的、情緒的、美的感覚の発達の教育に力が注がれる。学校に行く前に子どもたちが読字ができるようになっている場合は家庭ですでに学習しているからであり、このことはアメリカとオーストラリアの双子に比べて、スウェーデンとノルウェーの双子にとって読字能力には共通環境（同じ家庭で成長する子どもたちに分け持たれている環境）の影響がより重要だということを意味する。スウェーデンとノルウェーの場合、7歳で1年生になると読み書きが学校教育の第1の目標になり、読み書きの指導はこの2国のすべての学校に共通の基本計画に基づいて行われる。

　そうすると、これらの子どもたちの集団としての経験の違いは、幼稚園や1年生における読字能力の遺伝性にどういう意味を持つのだろう？　あなたならどう説明するだろうか？　生まれと育ちの相対的影響は国によって異なるのだろうか？　そしてそれは、どのようにして？　次に読み進む前に、ちょっとだけ考えてみてほしい。

　さて、研究者たちが見出したことは、実際、国によって遺伝と環境の影響のパターンが異なることだった。幼稚園を卒園する時期のオーストラリアの子どもの個人差の80％は遺伝子によって説明でき、残り20％は共通環境と非共通環境の影響がちょうど半分ずつであった。これに比べてコロラド州の子どもの場合は、個人差の3分の2は遺伝子によって、残りの大部分は非共通環境で説明された。最後に、学校で読字を習ったことのないスカンジナビアの子どもの場合は、個人差への遺伝子の影響はずっと小さかった。幼稚園の卒園の頃、この子どもたちの個人差の3分の1だけが遺伝子で説明された。したがって、オーストラリアの子どもの読字能力の個人差の80％は遺伝子で説明できるが、スカンジナビアの子どもたちでは30％でしかない。北アメリカとオーストラリアの子どもたちの場合とは非常に対照的に、読字能力の違いのおよそ半分が共通環境（おそらくは家族）の影響であった。

　したがって、幼稚園を卒園する時点で、遺伝子は一番長く学校教育を受けた子どもに最も影響が大きかった。また、読み書きのできない子どもの割合は、スカンジナビアの方がオーストラリアよりずっと多かった。それでは全部の子どもが集中的な読み書き教育を受ける1年生の終わりにどうなるのかを見てみよう。1年生の終わりまでに、オーストラリアだけでなく、3つの地域すべて

で個人差の80％が遺伝子で説明できた。どの国でも共通環境はほとんど何も説明できず、非共通環境は10〜20％を説明した。読み書きのできる割合は3つの地域でおよそ同じであった。これは直観に反する結果である。学校教育をするほど、つまり環境の入力が多いほど、環境の影響よりもむしろ遺伝子の影響が大きくなるのである。これはいったいどうしたことだろう。

　第1章で述べたように、普通教育は遺伝の影響を増加させるのであり、これがまさにここで起こっているのである。教育の結果、子どもたちの経験はより均一になり、子どもたちの違いよりも同一性の方が増加する。それで相対的に遺伝的影響が強くなる。この場合、正式の読字教育を受けたかどうかの違いは1年生の終わりまでになくなって、読字能力の個人差にはもう関連しない。教育の直接の結果として読字能力の平均は上昇するが、同時に遺伝の影響も増加する。もし環境因子が個人差を説明できないなら、それはすべての子どもが同じ学習機会を与えられ、平等化されたからである。この意味で、遺伝性の見積もりは平等化の指標とすることができる。遺伝性の見積もりが大きい場合、環境の影響がないということを意味するわけではない。環境は個人の差異よりも同一性に影響しているのである。この研究は、ある特性に対してどんなに遺伝的な影響が大きくても、環境（この場合は学校の正式の教育）が何の影響力もない余分なものではないことを示す、非常に良い例である。それどころか、学校は3つの大陸にわたるこれらの地域の子どもたちが字を読むことができるようになる理由なのである。しかし遺伝子は、一部の子どもたちが他の子どもよりもうまく読むことができる主な理由でもある。

　ここで学校の役割について重要な点は、適切かつ普遍的な教育への介入を行うことで平均点を上げることができ、すべての子どもたちに利益を与えることができるだろうということだ。これは教育で何が実際に効果的なのか、さらに実験的な試みを行う意義があることを示唆している。19世紀の初めには、西欧の人口の50％以上は文盲だった。けれども当時、遺伝による低能力よりも教育を受けていないことの方が文盲のはるかに大きな原因だった。その時代の行動遺伝学的なデータ解析を行えば（もし可能だったらという話だが）、読字能力の個人差は環境に強く影響され、遺伝的影響はわずかであることが明らかになるだろう。義務教育の導入は、これらすべてを変えた。すべての子どもたちが教育を提供されるようになると、個人差は主として教育に対する個人の反応の違いによって生じるようになった。国中の一人一人の子どもを目標にする良質の教育的介入を行えば、国全体の平均も上がるだろうし、介入の目標である

読み書き能力の遺伝性もおそらく上がるであろうが、著しく優秀な子どもと劣る子どもの差を埋めることは難しいだろう。ここから、勉強に苦労している子のサポートが重要であることが示唆される。

　もう一つ考慮すべきは、ノルウェーとスウェーデンの場合、幼稚園卒園時には読み書きのできない子どもの割合が多いが、この2カ国の子どもたちはやがて平均以上の読字能力を身につけることである。このことから、子どもの福祉と全体的発達のために公的教育の開始を遅らせても、子どもたちの読字能力の障害は起こらないだろうと仮定することができる。すべての仮説と同様に、この仮説も国の政策として実施する前に、正式の科学的検証を受けなくてはならない。けれども、根拠に基づく仮説として検討に値する。

　遺伝子、そして人間の潜在能力は、何もないところで育つわけではない。遺伝性の評価は最初に考えられたほど簡単ではない。遺伝性は遺伝子と経験の相互作用の影響を受けるからである。読字能力の60〜80％が遺伝によるとよく言われるが、このような見解は教育の重要な役割について何も述べていない。たとえ読むことに遺伝的な素質のある子どもであっても、読み方を教えられない限り、あるいはたくさん読みものを与えられない限り、読字能力は身につかないのである。この点から言うと、遺伝的影響の増加を引き起こすということは（能力の増加ということでもあるが）、疑わしく恐れられてもいる決定論の結果ではなく、教師と親が誇っていい成果なのである。もしすべての子どもが同じように良い学校で学び、同じように良い教育を受けたなら、遺伝子が読字能力の個人差の大部分を説明するだろうし、個人差の大きさは今存在しているのと変わらないだろう。それは、とりわけ学校が子どもの成績の平均を上げ、ベル型曲線全体を右の方へ（読字能力の高い方へ）シフトさせるのであれば、あながち悪いことではない。良い学校は、子どもたち一人一人の遺伝的性質に対して平等に良い教育を提供すべきである。我々は皆同じ才能を持っているわけではないが、持っている才能を伸ばす機会は同じように与えられなければならない。

読字能力への環境の影響

　読字能力に及ぼす環境の影響についての遺伝学的研究は、我々が必要とするよりもはるかに少ない。すでに見たように、小学校入学以前には共通環境の影響が重要であるが、学校における環境の影響は非共通である。家庭における

読み書きが子どもの読字能力に影響することは再三再四認められている（たとえば Mol and Bus, 2011）。遺伝子を考慮しない研究では、社会経済的地位（socioeconomic status, SES）がしばしば読字能力を予測するとされる。たとえば米国のヘッドスタート・プログラム〔訳注：米国政府が1965年から実施している、低所得家庭の子どもを対象とする就学前の教育、健康、栄養推進事業で、親の参加も図っている〕の子どもたちは、3歳時点で、プログラム参加対象ではない同年齢の子どもたちに比べて知っている語いの数がはるかに少ない（たとえば Scheffner-Hammer, Farkas, and Maczuga, 2010）。同じような違いが、小学生の読字能力についても示されている。したがって低所得家庭の子どもは親の教育レベルが低く、読字に苦労することになるリスクをかかえることになる。

社会経済的地位は両親の学歴と職業によって定義されることが多いので、家庭での言語的環境の質を介して子どもの読み書きの能力に影響すると言う研究者もいる。たとえば子どもに直接話しかけること、子どもたちが話すことを励ますこと、子どもたちがさまざまな、複雑な語いに接するようにしてやること、これらは皆、子どもたちが豊かな語いを獲得することに関連していることが示されている。一見して、これは当たり前に見える。また、小さな子どもに対してお母さんがどんなふうに対応するかは、子どもの最初の発語も含めて言語発達や言葉の表現技術と関連している（たとえば Laranjo and Bernier, 2010）。このような働きかけは普通、低所得家庭ではあまり見られない。けれども次の点は強調しておかなくてはならない。たとえこれらの観察が当然のことであるとしても、それぞれの社会経済的地位には実際大きなばらつきがある。たとえば、ある低所得家庭では子どもたちに素晴らしい読み書きの環境を用意していて、一方、ある高所得家庭では乏しいコミュニケーション手段しか提供していないということがある。平均というのは、個々人についてはほとんど何も語らないのである。

こうしたことは、遺伝学を考慮しないと解釈することは不可能である。低所得家庭は環境という理由によって読字能力が低いのか、実際には知ることができない。子どもにたくさん話しかけてやらない両親の子どもは快活におしゃべりするようなことはないのか、あるいは子どもたちのコミュニケーション能力が低いのは子どもたちの遺伝子が両親と似ているからなのか？ または遺伝と環境のある組み合わせが働いているのか？ 行動遺伝学ではいつもそうであるように、両者の組み合わせが最もありそうである。

最近の研究は、遺伝子－環境相互関係に焦点を当てている。これは我々の遺

伝子がどのように経験に影響するかについて述べた考え方で、遺伝子は単独で働くものではなく、我々の経験のなかで能動的な役割をになっている。1章で述べたように、遺伝子−環境相互関係には3つの型がある。受動型、喚起型、能動型である。

　受動型の遺伝子−環境相互関係の場合、同じ両親から受け取った遺伝子と環境の結果が観察されることになる。たとえば、読書が好きではない両親から、その遺伝子をもらうだけでなく、家庭にも本は少なく、図書館に行くこともないだろうし、就寝前の読み聞かせもないだろう。したがって、そのような家庭の子どもは読書が好きでない遺伝子を受け継ぐだろうし、家庭には読書好きになる何らかの手助けもないだろう。二重の逆境である。

　喚起型の場合は、子どもは読書が好きという遺伝的傾向を持っていて、そういう傾向を持っていない子どもと比べると、家族や友達に異なった行動を起こさせる。お話を読んでもらうだろうし、図書館にも連れて行ってもらうし、プレゼントの本も買ってもらえるだろう。本の虫だねと言われたり、本好きなことがその子の特徴と考えられていて、たくさん本を読んでいるねとか、読むのが早いねと褒められたりもする。書かれた言葉に対するこの子の反応に向けられた称賛や肯定的な雰囲気の一部は、この子の遺伝子によって引き起こされている。

　能動型では、遺伝的に読書能力に秀でた子どもは学校の集会で長い詩を進んで読むかもしれないし、そうすることでみんなに注目されるだろう。空き時間には図書館で過ごし、サイエンスフィクションが好きだと気づくかもしれない。あるいは学級で与えられた新しい、難しい読書の課題をすぐにこなしてしまい、他の子よりもさらに高度な課題を与えられ、したがってより個別化された教育を提供されるかもしれない。能動型の遺伝子−環境相互関係の場合は、どの年齢の人であっても、自らの遺伝傾向に基づいて自分の世界を形成する。我々は研究者として、能動型相互関係は教育にとってきわめて重要であると信じているが、能動型相互関係を測定し、理解し、作り上げるための新しい方法が求められており、現在懸命に開発に取り組んでいる。遺伝子−環境相互関係においては、遺伝子は、パーソナリティ、行動、あるいは能力を介して、その人が特定の環境にどう触れるかに影響する。我々は自分の経験を形作り、生み出すのだ。

　研究者が認めたそのほかの重要な遺伝子−環境相互作用はG×E（ジー・バイ・イー）と呼ばれるタイプの相互作用である。ジー・バイ・イーとは、特定

の環境に対して我々の持っている遺伝子が感受性に影響する場合を言う。読書能力について言うなら、たとえば集中読書コースのような特別な環境下では、標準と違った遺伝性を持った集団の子どもは（たとえば女児であったり、低所得家庭の子どもだったり、才能に恵まれた子どもであったり）、他の子どもたちに比べて多かれ少なかれ異なった読書能力を示すような場合、ジー・バイ・イーが認められることになる。読書に関連したジー・バイ・イーの2つの研究では、高学歴の両親から生まれた双子の方が、それほど高くない学歴の両親から生まれた双子よりも単語認識の遺伝性がかなり高いことが報告されている（Friend et al., 2009）。これは次のようなことを意味するだろう。高学歴の両親の子どもたちの遺伝子は読字を学ぶ準備がすっかりできていて、そこに両親が環境を提供するのである。これは前述した次のようなことを反映している。教育がより高いレベルになるほど遺伝の影響が強くなり、高学歴の両親は子どもたちに、他の子どもよりも余計に教育を与えるのである。おそらく高学歴の両親の準備する環境には何か特別なものがあって、子どもたちの天性を育てるのにとくに効果的なのである。これについては探索すべき価値がある。とくにすべての子どもたちの読書能力を獲得するための機会を、どのような家族のもとで生まれたのか、どのような地域で育ったのか、どんな学校に通ったのかにかかわらず、平等化する方策を考えることは重要である。興味深いことに、同様の結果が学校についても報告されている。優秀な教師の指導を受けると読書能力はより遺伝によって影響されるが（Taylor et al., 2010）、低所得地域で成長する子どもの場合は遺伝の影響は弱くなる（Taylor and Schatschneider, 2010）。生物学に基礎をおいたジー・バイ・イーは次のような見解を含んでいる。たとえば集中的なフォニックス授業〔訳注：英語の綴り字と発音の関係を教える授業〕やほかの人と一緒に行う読書は、あるタイプの遺伝子を持つ子には別のタイプの遺伝子を持つ子に対するよりも、明らかに強い影響がある。このタイプのジー・バイ・イーは子どもの時期の虐待や攻撃については認められているが、読書についての研究ではまだ確認されていない。

　遺伝子−環境相互作用についての理解は、なぜある種の介入が一部の子どもには有効で、別の子どもには無効か、教師や政策担当者が理解するのに役立つだろう。ジー・バイ・イーは政策担当者が確信を持って教育資源の目標をもっと正確に絞るのを助けることができる。「効果あり」のリストは、どの子どもに、どの環境下で与えられるべきかということを考慮した上で、個人の違いを計算に入れる必要がある。特定の子どもの遺伝子型に対して正しい教育環境を

準備するということは、できるだけ多様な環境を準備するということでもある。この考察は、第2部で我々が推奨する学校システムの例にとって、重大な意味を持っている。

読字に苦労する子どもたち

すべての子どもたちが学校で1年生か2年生のときに読み方を身につけるわけではないし、この子たちの一部は、読書が容易とは言えない状態で大人になってしまう。最もよく引き合いに出されるのは、失読症である。我々は明快で単純な失読症の定義を出したいと思うが、別の資料では別の定義を行っていて、共通の定義はない。一部の学者や教師や政策担当者は失読症など神話だというが、失読症の診断を受けたり、世間一般から失読症ではないかと言われるような人たちは、そのような意見に怒っている。教師が子どもが必要としている援助やサポートを準備する代わりに、子どもにレッテルを貼ろうと議論するときに、この論争は悪化し、両親を苦しめる。実際、学習障害の研究においても、失読症が存在するかどうかはやっかいな難問なのである。

失読症の正確な定義というのは脇において、失読症の検査を受けるような子どもたちは、少なくとも次のことが共通していると言ってもいいだろう。彼らは皆読字の学習に苦労している。彼らは読字についてのベル型カーブの左端に位置するのである。ある研究によれば、学校の子どもの5〜10％は読字困難を経験しているという。この子どもたちの大部分は、いくつかの（けれども稀には全部の）以下のような言語学的な特徴を持っている。まず、韻を踏む単語を探したり［たとえば doctor と factor のような］、単語の音節を数えたり［たとえば children という単語は2音節から成る］する音韻論的認識が困難である。単語を聞いたり、単語の中の音を正しく扱う音素の認識が困難である。複数の単語の異なった音の区別（音韻処理）が困難である。そして、［a，b，c などの］文字と発音の関係を学ぶこと（フォニックス）が困難である。彼らの音読は、そうではないことも多いが、時間がかかって、ぎこちなく、理解度は低いだろう。読字に苦労している子どもたちはしばしば、読み言葉にも書き言葉にも困難を経験する。話すことを覚えるのも遅く、指示に従うのも難しく、アルファベットや童謡や歌を学ぶにも苦労するかもしれない。考えを紙に書くことも難しいかもしれないし、毎日の勉強ではつづり間違いをいっぱいするだろうけれども、学校での毎週の綴り字テストではうまくいくかもしれない。学校

でできないことが続くと、子どもの自信と精神的な健康にとって負の連鎖反応になるかもしれない。

　さて、失読症の子どもたちには何らかの遺伝的な違いを示すような証拠があるのだろうか？　もしそうなら、失読症のとらえどころのない定義をわかりやすいものにできるかもしれない。読字困難が多発している家族についての研究がある（DeFries, Vogler, and LaBuda, 1986）。行動遺伝学者は実際に読字障害に関連している可能性のある特定の遺伝子を見つけ出している（Scerri et al., 2011）。この点では、読字の遺伝性に関する研究は学業成績一般における遺伝学的研究よりも進歩している。けれども以下の点を強調しておきたい。このような研究はまだ始まったばかりであるし、たくさんの結果が再現できないだけでなく、互いに矛盾する場合もあるのだ。

　読字障害に関する遺伝子の候補の一つはKIAA0319と呼ばれる遺伝子で、第6染色体上に位置する（Paracchini et al., 2006）。この遺伝子は比較的期待できそうである。というのは、この遺伝子は読字困難と関連して、米国と英国の3つの別個の症例から見つかった遺伝子で、偽陽性がいっぱいあるような研究領域では、別々の独立した研究グループからの結果の再現が信頼性のカギだからである。オックスフォード大学のチームによるKIAA0319遺伝子の発見はメディアから典型的な派手な歓迎を受けた。デイリー・メール紙の見出しはこうである。「失読症遺伝子の発見は数百万人の治療改善の可能性」

　これは実際、比較的抑制された見出しである。けれども、たとえそうであっても、この中で多少とも信頼できる言葉は「可能性」だけである。読字障害とのつながり程度ではKIAA0319遺伝子を「失読症」遺伝子とするわけにはいかない。ちょうどあなたがスポーツジムの会員権を持っているからといって、あなたが柔軟でしなやかで体調が良くなるというわけではないことと同じだ。生物学的な発見から数百万人の治療の改良までの距離はあまりに遠いので、童話に出てくるひとまたぎで7リーグ（21マイル）も歩ける魔法のブーツでさえ苦労するだろう。けれども、「可能性」という言葉の真実は興味深い。それに、結果が再現されていることは、さらなる探求の根拠となる。

　読字能力は正規分布していて、おおざっぱに言えば、読字障害はその分布の任意の5〜10パーセンタイル（全体の下位の5〜10パーセント）以下と定義できる。すぐに本題に入ると、KIAA0319遺伝子は正規分布の下の端の子どもたちだけに発現〔訳注：遺伝子の情報が表現型として現れること〕しているのだろうか？　あるいは、失読症の診断を受けた人だけに見られるのだろうか？

KIAA0319と読字障害の関連を探るオックスフォード大学チームのシルビア・パラキーニ博士は、まさにこの疑問の答えを求めた。その結果、実際、この遺伝子は人口に広く分布していた (Paracchini et al., 2008)。我々はすべて、読み書きの能力が優れていようと、そうでなかろうと、この遺伝子を持っている。この遺伝子は読字能力と関連しているし、読字障害とも関連している。この遺伝子の人口全体を通しての読字能力への影響力は統計的に有意ではあるが、ごくごく小さい。このことは前述のQTL仮説に我々を引き戻すことになる（ヒトのありふれた特質は多数の遺伝子と多数の環境要因の影響を受けるが、一つ一つの効果はわずかである）。QTL仮説は次のような予測をするだろう。読字障害の特異的な生物学的なマーカーはないこと、そして「失読症」の診断を受けた人も受けなかった人も、同じ遺伝子群の影響を被るということである。これがまさに、オックスフォードのチームが発見したことである。

やがてはKIAA0319は読字能力と関連した数十の、あるいは数百の遺伝子の一つと証明されるだろう。実際問題として、このことは、我々がすぐにでも失読症の信頼できるDNAテストキットを入手することはなさそうだということを意味する。教室の中でも一番読むのが苦手な子どもは、失読症と言われようと言われまいと読字に頑張っている。その苦闘の一部は、遺伝子に由来する。読字能力はベル型カーブで分布するので、子どもが失読症だと判断すべき明らかな限界値はない。このことは、読字困難な子どもをどうやって見極めるか、どう支援するかについて重要な意味を持つ。

すでに述べたように、「失読症」はやっかいな問題である。したがって前述のような見解は面倒を起こしそうである。思い切ってなぜなのか考えてみよう。親としては、「うちの子どもは読むのがつらそうだ」と言うより、「うちの子どもは失読症です」と言う方がやさしいのはなぜか？　長所だけでなく、弱点も持った子どもに対する態度はどうあればいいと言うのだろうか？　そして、教師や親が他の子どもより読字を身につけるのが難しそうだと判断するような子どもに、すぐには特別な支援をしてやれない、そういう社会や教育政策についてはどうなのだろうか？　その代わりに多くの場合、最初に主張されることは、そういう子どもはテストを受けさせて（あるいは学校とは別に親を組織してテスト費用を負担させて）子どもたちが特定の基準にあてはまり、失読症と「診断」できるかを調べることだ。

ある種の診断や記録が後年になって個人を公正に扱うことの助けになっているとすれば、それは評価できる。たとえば読字に苦労する求職者が決められた

時間内に終わらなくてはいけない心理テストの成績が悪いというような場合である。応募している仕事が読書の早さとは関係ないものの場合、そのような応募者には時間制限を変更するのが、より妥当ではないだろうか。とにかく、視力が悪い人にメガネやコンタクトレンズなしでテストを受けるようには求めないだろう。

けれども実際には、「失読症」と呼ばれる障害の診断については単純な遺伝的基盤は何もない。事実は、我々が期待するほど子どもが字を読めないということは、特別な支援が必要だということの証拠なのである。読字能力の分布曲線の下の端にいるすべての子どもたちにとっては、検査や診断に費用や時間をかけるよりも、特別な支援のために使う方がずっと望ましいのである。子どもの教育のできるだけ早い時期から支援が行われるならば、子どもの能力を高め、教室の中のよく読める子どもとそうでない子どものギャップを縮めることができるだろう。

書く能力の遺伝

書く能力は、読む能力ほどには行動遺伝学者に考慮されてこなかった。近年、読む能力と書く能力のあいだの強い関連が研究によって明らかになってきた。いろいろな点で、これは当然と言える。両者とも言語とコミュニケーションの様式である。現代世界では書くことは非常に重要な生活技術である。たとえ演劇や詩や小説やエッセイや手紙を書きたいという願いがなくても、書類に記入したり、小包の受け取りサインをしたり、買い物リストを作ったり、教科書の質問に答えたり、さまざまなことをしなくてはならない。こういったことがらは、学校の生徒にはより必要だろう。子どもたちはつねづね、授業で学んだことを書いて示さなくてはならないから、書くことは学校で良い成績をとるための基本的な方法で、良い成績をとることは人生で魅力的なチャンスを得ることにつながる。読むことと同様に書くことは、集中的な指導なしに自然に身につく技術ではない。さらに、たとえ集中的な指導を行ったとしても、一部の子どもたちにとっては、身につけることが信じられないほど困難な技術なのである。

書く技術の因果関係についての行動遺伝学的研究の多くは、綴り字に焦点を当ててきた。とはいえ、綴り字は書くことよりも読むことにもっと密接に関連しているかもしれないのではあるが。綴り字に関する初めての双子研究では、遺伝子が13歳の子どもの違いの半分以上を説明することがわかった。

TEDS研究の中でブナミ・オリバー博士の率いた研究では、TEDSに登録された双子たちが7歳になった時点で、英国の全国カリキュラムを用いて書く能力の遺伝学的検討が行われた（Oliver, Dale, and Plomin, 2007）。オリバー博士は教師の作製した子どもたちの達成度評価を集め、双子研究の方法によって次の結果を得た。子どもたちの達成度の違いの3分の2は遺伝子によって生じ、共通環境によるものは7％にすぎず、非共通環境によるものが残りを説明する。このパターンは読むことの達成度ときわめて似ている。オリバー博士は、この生まれか育ちかのパターンが書く能力の最も低い子どもたちについても同じかどうかを調べ、やはり同じ結果を得た。書字能力の低さは、平均的な書字能力や高い書字能力と同様に遺伝性が認められた。

　今までのところでは、書字に関連する特定の遺伝子群あるいは特定の環境を同定しようという試みは行われていないが、将来の研究の重要なテーマである。最も書字能力の低い子どもたちにとって、彼らと社会のあいだにはバリヤーがあり、それは受け入れられないものである。書字困難の遺伝的傾向を乗り越えることのできる経験を見つけることは、重要で価値のある科学的、社会的目標である。

　読字と書字について我々は次のことを見出した。遺伝性が60％を決めること、能力の高い子から低い子まで能力分布のスペクトラム（分布曲線）全体で同じ遺伝子群が作用していること（異常も正常も一連のもの）、そして子どもが大きくなっても同じ遺伝子群が作用し続けること（連続は遺伝依存で変化は環境依存）である。これで「読み書きそろばん」のうち2つが説明できた。それではもう1つそろばん（算数）はどうだろう？　次の章では、この算数について、我々の新しい教育システムで今までとは異なって扱う遺伝学的証拠があるかを見てみよう。

4章 算 数

　誰しも、数学については自分なりの思いを持っている。しかも強い思いを。数学が大好きだったり、大嫌いだったり。得意だったり、苦手だったり。何の役にも立たないと思ったり、何より重要だと思ったり。アルバート・アインシュタインは数学を信じていなかったが、ミッキー・マウスは信じていて、少なくともその一面をとらえていた。「算数って、靴を脱がなくても20まで数えることができるってことさ！」一部の教育運動家は数学の基礎知識は（読み書きと同様に）カリキュラムの基本と考えているが、他の人はそれを強調しすぎると他の科目や学習を軽んじてしまうと思っている。プラトンは数学を学校のカリキュラムに大いにふさわしい科目と考えていたようだ。「数学は若者に適した検査係のようなものだ。難しすぎず、面白く、国家に危険でもない。」国にカリキュラム検査係がいたらいいのに。学校の科目の選び方によっては、国家にとって危険を及ぼすこともあるかもしれない。針仕事のような科目を提案しようか？　一方アインシュタインは、数学を信じていなかったのだが、簡単だとも面白いとも思うことができなかった。「数学者が相対性理論に侵入してきたので、私自身、もうそれを理解することができなくなった」と書いている（Schilpp, 1949 による）。

　数学とは何だろう？　学校ではどのように（そして、どのくらい）教えるべきなのだろうか？　みんなが三角法や微積分を学ぶ必要はあるのだろうか？　あるいは、費用や時間や重さや距離の計算ができるようになれば十分なのだろうか？　みんなが微積分を学ぶことなんて可能なのだろうか？　我々は数学の基本的な感覚みたいなものを持って生まれてくるのだろうか？　もしそうなら、その感覚はどのくらい強いものだろうか？　20まで数えるのに靴下や靴を脱がなくてもいいくらいのことは21世紀の子どもにとって必要だと、誰もが納得するだろう。けれども、他の問題については大いに議論のあるところだ。最も多く論じられている問題は、エイドリアン・メセーシスと呼ばれる何者かによって雄弁に語られている。彼はインターネット上にも、数学の教科書にも引用

されているのだが、この人物はユーモアのセンスを持った数学者で（どのくらいの確率で正しいだろうか？）、おそらく修士号（Master degree）を持った人によって作られた仮名ではなかろうか（メセーシス = Mathesis = MA Thesis?）。いわく、「数学の中で最大の未解決の難問は、なぜ一部の人々が他の人々よりも数学ができるのかという問題だ。」これはまさに、行動遺伝学者が解決しようと手ぐすねを引いている問題なのだ。

なぜ一部の人々が他の人々よりも数学ができるのか？

ロンドン大学ゴールドスミス・カレッジのユリア・カバス博士と、当時はTEDS研究チームの博士課程大学院生だったソフィア・ダカティの研究チームは数学の能力の個人差に興味を持ち、最先端の研究プログラムが始まった。カバスは心理学者で、子どもの算数の成績に及ぼす遺伝的、環境的影響を研究してきた。彼女は算数と苦闘している子どもたちは単に数学ができないだけなのか、それとも特定の原因による解離性障害によるのかという心理学論争に関心を持っている。前の章で述べたように、読む能力についての同様の論争が数十年も続いてきた。そして我々は、読字困難はベル型の正規分布の一方の端にあること、読む能力に関する一般的な遺伝子群と同じ遺伝子群に影響を受けていることを示した。親御さんの多くは、子どもが算数の能力が低いとか、読む能力が低いなどというよりも、自分たちの子どもは賢い子どもだが特別な障害を持っているのだというふうに信じたがる。「障害」は診断を意味するが、「困難」はありふれた問題なのである。詳しくはのちに述べる。

数学のいろいろな領域について論争がある。たとえば計算と代数である。この2つは関連しているのか別のものなのか。たとえて言うなら、良い保険計理人〔訳注：保険会社で危険率・保険料率・保険金などの算出を業務とする人〕を作り上げる要素は、良い建築士を作り上げる要素と同じなのだろうか？ 素数をすらすらと数字の世界の果てまで言える子どもと、学校の運動場で自分のフットボールカードを売ってどれくらい儲かるか計算できる子どもには、何が共通なのだろうか？ そして数学と遺伝の関係についての知識は、子どもたちにどうやって数学を教えるかについて我々に何を教えてくれるのだろうか？

カバスはTEDS研究から選んだ10歳の双子たちを対象に、これらの疑問を解くための研究を行った。双子の教師たちは英国の全国カリキュラムで取り扱う算数の3つの基礎領域について、それぞれの子どもの成績を出した。3つの

領域は、算数の適用と応用、数と代数、形 ‐ 空間 ‐ 尺度である。また双子の算数の能力はオンラインの試験を用いて研究グループ自身でも判定された。カバスの疑問は次のようなものである。算数の能力は遺伝性があるのか？ 算数のできない子どもたちへの遺伝的、また環境的な影響は、算数が平均的な子どもたちや、算数のできる子どもたちへの影響と同じか？ 異なる算数の能力は同じ遺伝的あるいは環境的影響を受けるのか？ カバスはこれらの疑問を統計的に解析して、見出した結果を研究室のソフィア・ダカティに渡した。ダカティは次なる答えを求めて双子たちのDNAを解析した。それでは、カバスとダカティの見つけたことは何であっただろう？

算数の能力は遺伝性があるのか？

　算数の能力には遺伝性がある。カバスは10歳の子どもたちの数学の能力の遺伝性を評価した。子どもたちの教師からのデータに基づくと、遺伝性はおよそ3分の2と評価された。共通環境が能力の個人差の12%を、そして非共通環境が24%を説明できた。カバスはTEDS研究に登録された7歳の双子たちに同様の解析を行い、非常によく似た結論を得た。教師たちの成績評価によると遺伝性が子どもたちの数学能力の違いの68%、共通環境が9%、非共通環境が22%を説明した。子どもたちが9歳のときも同様の結果が得られた。今回検討された子どもたちはこの年齢の英国人口の広い範囲を代表しているのだが、算数の能力の遺伝性60〜70%という評価は小学校低学年を通じて頑健であった。これは我々が得た読むことと書くことの能力における遺伝の影響力の鏡像と言える。

　これこそまさに、小学校の教師が直面していることである。この時期の算数の成績については遺伝的差異の方が環境の違い、たとえば家族でモノポリーやラミーキューブのようなゲームを楽しんだり、親が教育したりすることや、性差や学校の質などよりもずっと重要なのである。それなのに教員養成課程では、まだ遺伝的差異を考慮に入れていない。ある意味では、遺伝性の影響が60〜70%あるということだけでは、教師が一人一人の子どもに対して何ができるか、あるいは何が期待されているかについて何も言っていないも同じだ。けれども、これは次のようなことを意味している。一部は生物学的な理由で、教師の担任する学級のすべての子どもたちの出発点は異なっていて、そのために、子どもたちの理解と能力を進めるための次のステップは一人一人違わざるを得ないということである。さらにまた、教師の仕事は何か恣意的な、外部から強いられ

た目標を学級として目指すよりむしろ、それぞれの子どもの潜在能力を少しずつ引き出すことだということである。教師たちはこのことをすでに知っているのだが、彼らのやろうとしていることにはあまりにしばしば、自然を無視した政治的な横やりが入る。一部の子どもは生物学的な強みを持った状態で算数を学び始める。こういった子どもたちは強みを持たない子どもたちとは違うふうに伸びるだろうと述べることは不合理ではない。このことを考慮することは、教育にとって不当であろうか？

　数学的能力と成績に遺伝が影響するという発見は、どう数学を教えるか、とくに個別化を図りながら教えるにはどうするといいかについて、重要な意味を持つ。個別化ということは一人一人の子どもの持つ良さを損なうことなく、その子の最善を引き出すことである。成功について書かれたマルコム・グラドウェル（Gladwell, 2008）の著書『アウトライアー』（はずれ値）には、本物の、高いレベルの成功には1万時間の訓練を必要とすると書かれている。どうして数学に秀でている子どもたちに、彼らの個々の能力や必要や希望に沿った十分な量の、高いレベルの数学教育を与えないのだろうか？ そして子どもたちにとって本当に価値のある1万時間を提供する教育を行わないのだろうか？ もしオリンピックの体操選手になることや、グラフィックデザインの工房や、美容院や、自動車修理工場を運営することが夢ならば、一定量の数学教育を受ける必要がある。つまり、21世紀において日常用いるだけの数学である（そして正直に言えば、それはけっこうな量になる）。それを学ぶことは知的向上にも役立つし、さらに先に行くための創造性にも有益である。けれども海王星にロケットで到達するにはどのくらいの時間がかかるか解決するような仕事や、そのロケットを飛ばすエンジンをデザインしたいと思っているような子どもたちと同じくらいの、または同じ種類の数学の勉強は必要ないだろう。人々の数学的能力には違いがあるし、違いの3分の2は遺伝子によって影響されるのだ。このことを考えてみよう。そして、後述の第2部で遺伝を踏まえた教育システムについて述べるときに、このことを考慮しよう。

数学の能力の低い子どもにおける遺伝子あるいは環境の影響は、平均的または優秀な子どもの場合と同じなのか？

　数学的能力は読む能力と同様なベル型の分布をしている。大部分の人々は平均の周囲に集まり、数学に苦労している小さなグループと数学が優秀な小さなグループが両端を占める。まず、優秀なグループについて考えてみよう。数学

は天才、とくに早熟の天才を育てるのに最も肥沃な学問領域のように思われる。シェイクスピアがティーンエイジ前にハムレットを書くなど考えられないが、若い数学者の場合には人生経験の乏しさに邪魔されることなく、著しい高みまで到達することができるのである。

　1985年、ルース・ローレンスは大学の正装に着飾って、父親の二人乗り自転車の後部座席に乗ってオックスフォード大学の周りを回る写真を撮影されている。13歳になって円熟した彼女は一等賞と特別賞を得てオックスフォードを卒業したのだ。普通3年かかるところを彼女は2年で卒業した。それから博士号をとってハーバード大学に行き、結び目理論（位相幾何学の1領域）を研究するためにミシガン大学に移った。ローレンスは現在、イスラエルのアインシュタイン数学研究所の数学教授である（アインシュタインは、数学研究所に自分の名前が冠されることは面白くなかったのではないかと想像するに難くない）。ローレンスは明らかに数学の成績は優秀だし、今までもずっと優秀だった。公正に言えば、きわめて優秀だ。おそらくは天才だろう。彼女の数学の能力は、他の人と同様に、一部は遺伝子に由来しているけれども、彼女が育ってきた特異な環境もまた一部分を成しているだろう。

　ローレンスは父親から家庭教育を受けた（多くの天才数学者は家庭教育を受けたことがわかっている）。彼女はオックスフォードではいつも父親と一緒にいた（父親は彼女と授業を受けたが、学生自治会によって学生談話室からは締め出された）。それからハーバードに行ったが、父親も一緒だった。ローレンスは現在、両親とは疎遠になっている。公式には自分が父親から受けた温室栽培のような教育方法は自分の子どもたちには繰り返さないと述べている。

　彼女は普通ではない環境を経験した。けれども彼女の遺伝子もまた、普通ではなかったのではないか？　我々の多くは家庭教育の温室栽培を十余年にわたって続けても、この若い女の子のレベルに到達することはないだろうし、結び目理論の結び目の一つを解き始めることさえ無理だろう。ローレンスは天才の遺伝子を受け取っていたのか、それとも数学大好き変異遺伝子の全セットをもらっていたのだろうか？

　もっとやっかいなのは、数学能力分布のもう一方の端である。自分の家計の管理や簡単な売買に苦心惨憺するような成人のことである。このような人々の能力は、ローレンスとは全く異なっている。この人たちは遺伝的に違っているのだろうか？　教育が良くなかったのだろうか？　病気や素行不良や家庭内の不和のために学校を欠席することが多かったのだろうか？　彼らには障害がある

のだろうか、それとも困難さがあるのだろうか？　もし、障害なら、特別な生物学的なマーカー（たとえば遺伝子）があって、治療可能なのだろうか？　もし、困難さであるなら、教育はそれをどのように克服できるだろうか？

　カバスの結果は明確で、読む能力の研究者たちの結果とも一致している。彼女のデータは遺伝的な数学の障害の存在については否定的であった。数学ができる、あるいはできない子どもというのは、単に数学ができる、あるいはできないというだけのことである。彼らはほかの子どもたちと同じ遺伝子群の作用を受けていた。さまざまな異なった組み合わせではあるが。

　環境と同様に、遺伝子も人々のあいだの違いを規定している。たとえば、ある人々は他の人々よりもっと優秀であったり、健康だったり、あるいは神経過敏であったりするというようなことである。たとえ国内のすべての子どもが数学教育の大成功の新制度で教育されたとしても、なお個人差が存在する。新制度を考えるときには、国全体の改善を図ることが重要である。新制度が良いものなら平均点は上昇するだろう。しかし数学のできない子どもたちは、できる子どもたちから以前と同じ程度離れているのである。新制度の目的が一番できる子どもたちと一番できない子どもたちのギャップを近づけることならば、新制度は子どもたち誰もではなく、一番できない子どもたちに向けられなくてはならない。最もできない子どもたちへの特別な支援は、社会的流動性をも促進するだろう。このアプローチの実際的な問題や意味するところや倫理面はのちに論じたい。

　さて、カバスによれば、統計的なレベルではTEDS研究に参加した双子の中で数学が最もできない子どもたちと、そのほかの子どもたちのあいだで、遺伝的な違いは見出せなかった。もっとも彼女は、数学の能力に影響する稀な単一遺伝子病の可能性を除外してはいないのだが。このことは、いったい何を意味しているのだろうか？「計算力障害（dyscalculia）」という語をネット検索すると、「数字に対する読字障害」に関する情報が山のように出てくる。英国読字障害協会は次のように書いている。「計算力障害の子どもにはクラス全体の一律教育とは別の、特別な必要性と診断と適切なカウンセリングとサポートが必要である。」このことを考えてみよう。数学がちっともできない子どもはそのほかの子どもと遺伝的には少しも違わないという事実に失望する人たちもいる。とくに苦労している子どもの親御さんである。どうしてそんなことになってしまうのだろうか？　それは医学的な障害、つまり本物の学習障害があるということになると、家族はもっといろんなサービスを受けることができ、単に何か

が上手ではないということにまつわる汚名を拭い去ることになるからだ。障害がある方が能力が低いことよりも社会に受け入れられやすいと信じられている。前者は無力の度合いを意味するが、後者は不当にも怠惰や愚かさの程度を意味するのである。診断はそれを確認することになる。それにもかかわらず、どちらであろうとも、数学と苦闘している子どもにも大人にも特別な窮状がある。学習障害が医学的問題にされようとされまいと、彼らには学習困難がある。彼らにはクラス全員の同時教育ではないやり方でのサポートが必要なのである。彼らには教室であろうとどこであろうと、個別化した1対1あるいは少人数グループでのサポートが必要なのだ。診断やカウンセリングはどうだろうか？ 数学ができないことに対して？ どうして？

「計算力障害」の世界的な専門家であるブライアン・バターワースは、この問題は人口の6.5％に影響を及ぼしていて、「計算力障害者」の主な困難は数字の意味するところがわからないことにあると言う。

> 計算力障害のある子どもには、「3であること」、「4であること」がどういうことか理解できるように手伝ってやらねばならない。そういう子どもは、そういうことを理解する本能に欠けているのだ。理解するためには理屈で理解しないといけない。計算力障害の人々はいつも数学につまずくのだが、色覚障害者が障害をうまくコントロールするのと同様のやり方で自分の困難を補うことができる。我々は計算力障害の子どもたちに別のやり方で数学を理解させなければならない。（Freeman, 2006 からの引用）。

我々の持っている証拠からは「計算力障害」が単一の遺伝的障害であるとは思えないが、数学に苦労する子どもたちに対するバターワース教授の方法には強く賛成する。彼が指摘するように、そのような子どもを教育するには、彼らがわからないことは何なのかを理解することから始めなければならない。一人一人の子どもの現在の能力のレベルから出発して、彼らがやれるだけの速度で進まなくてはならない。言い換えれば、彼らの教育を個別化しなければならない。

どの教科でも、成績の悪い子どもには特別な必要がある。その科目について特別な手助けが必要なのだ。だがそれは、医学的な障害がある場合と同じものではない。我々は数学的な能力が高かったり、低かったりするのは、遺伝子の影響を受けていることを知っている。それが人間にはルース・ローレンスのよ

うな人もいるし、一方では3とか4とかの意味がわからない子どももいることの主な理由である。けれどもカバスの結果は、数学の優秀な人から苦闘する人まで同じ遺伝子群が働いていることを意味している。言い換えれば、クラスの中で最も数学のできない子どもたちは、最も読書が苦手な子どもたちと同様に、困難さは持っているが、障害を持っているわけではないのである。彼らに必要なのはレッテルではなく、特別なサポートなのだ。

数学の能力は、その相違にかかわらず同じ遺伝的、環境的影響を受けるのか？

カバスの最後の疑問は数学の能力は単一のものなのか、それとも数学の別々の領域の能力は遺伝的に異なったものなのかというものである。彼女はこの疑問について、3つの数学領域の成績のあいだの関連を英国の全国カリキュラム（算数の適用と応用、数と代数、形-空間-尺度）を用いて検討した。その結果、この3つの領域の相関は非常に高かった（平均相関 0.85）。意味するところは、3つの数学の領域が活用する能力の85％は共通しているということである。

ある意味では、これは驚くことではない。掛け算がうまい子どもは必ずバスケットボールも得意だと言っているわけではないのだから。計算ができる子どもは計量もできるだろう。カバスはまた、次のような一連の検討も行っている。数学の領域の一つに影響する遺伝子は、たいてい他の領域にも影響する。実際、空間認識や言語にも影響するようだ。これらの検討における遺伝子群は名無しの集団である。同じ遺伝子群が数学の他の領域にも関わっていることはわかっているが、特定の、どの遺伝子かはわかっていない。そこでカバスと本書の著者の一人、プローミンは、行動遺伝学の分野で「何でも屋遺伝子」として知られることになる仮説を展開した。車のステッカー風に言うなら、「遺伝子は万能選手、環境は専門家」というわけである。同じ遺伝子群が広い範囲の認知能力と学業成績に影響している。けれども環境の違いがこれらの能力に影響する。このことは子どもの教育において、きわめて重要である。環境の専門家効果は、まさに教室で注意深く調整することが可能なのである。我々が学校教育システムの再構築の下書きをするときの、これがもう一つの基本原則である。

遺伝子においては…

カバスは自分の発見した結果をソフィア・ダカティに渡した。ダカティは分子生物学者で、数学の能力と成績のデータが得られている、我々が対象としている同じTEDS研究の双子たちのDNAの採取保管に着手した。彼女はカバス

が残したところから開始した。つまり、(1) 数学的能力には明らかな遺伝要因がある。(2) 低い数学能力は、数学能力の通常のばらつきに影響する遺伝子と同じ遺伝子の影響を受けている。(3) 数学の異なる領域のあいだには遺伝的な重複があり、それは遺伝的な影響が一般的であることを示している。

　ダカティはDNAプーリングという新しい方法を使った。これは多数の個人のDNAを混ぜて1個の検体として全ゲノム解析（GWAS）を行う方法である〔訳注：一人のDNAから出発するのではないので、核酸増幅などの手技の回数を減らせ、DNA変異のスクリーニングには適切とされる〕。この方法は行動に小さな影響を及ぼす遺伝子を探す最新鋭の手段である。ダカティはゲノム（全塩基配列）の中に10個の点を見出した。この点は一塩基多型（single nucleotide polymorphisms, SNPs, スニップスと読む）と呼ばれ、遺伝情報が個人のあいだで1文字ずつ違っている。スニップスには2つの変異がある。たとえばあなたがDNA文字のGを受け継いだとしよう。そして、あなたのきょうだいは別のDNA文字のTを受け継いだとする。片方は遺伝的な強みを付与し、もう一方は遺伝的なリスクを付与するかもしれない。これらの10個のスニップスは数学的能力の個人差にはっきりと関連していた。もし別の検体についても同じ結果が再現されるなら、どうしてある人々はほかの人々よりも数学ができるかについての遺伝的な説明の一部になりえる。予想されるように、一つのスニップは小さな効果しか持たない。最大でも2500人の子どもたちの数学の成績の違いのわずか0.5％をちょっと越える程度しか説明しないし、最小では0.13％にすぎない。けれども10個のDNAマーカーを合計すると、人々のあいだの違いの3.4％を説明することができる。これはまだ第一歩にすぎない。再現性が要求されるし、もっと大きな効果を持った、もっと良いDNA変異の組み合わせが必要である。しかしともかく、DNA研究の進むべき方向は示されたのである。

　ついでに言えば、次のことを指摘しておくことは意味があるだろう。このような研究が開始されるとき、研究者の思うことというか希望することは、少数の遺伝子が普通の行動や障害に大きく関与しているだろうということだ。多くの場合そんなことにはならない。その代わり我々にはQTL仮説がある。したがって数学がいやでたまらない子どものあちこちにある遺伝子のスイッチを入れて、数学ができる子どもに変えることができる時代が到来することはなさそうだ。

　次にダカティは、数学の成績の下位15％の子どもたちには何か違うことが起こったのかどうかを調べた。彼女はこのグループの子どもたちは数学が平

均的な子どもたちや良くできる子どもたちに比べて、数学と非友好的なタイプのスニップスを多く持っていることを見出した。TEDS研究に参加した子どもで、数学のリスクタイプのスニップスを半分以上持っている子どもの3分の1は、下位15%に入る可能性が2倍あった。

　言い換えると、最もリスクのある子どもたちは多くのリスクタイプの変異とわずかな有利なタイプの変異を持ち、最も遺伝的に有利な子どもたちはわずかなリスクタイプと多くの有利なタイプの変異を持っているのだ。リスク変異の数が増えると数学能力は低下する。このことは理論的には数学能力の低さについての遺伝的リスクを検査できることを意味する。しかし実際的には、もし可能であったとしても、これら10個のスニップスが数学の成績のばらつきの小さな部分を説明できるだけで、多くを説明することはできない。上位15%に入っている子どもでもいくつかのリスクタイプの変異を持っているので、この段階で何らかのカットオフ値〔訳注：ある値以上または以下が異常であると判断できるような境目の値〕を設定することは恣意的でしかない。そしてまた我々は、これらの遺伝的マーカーの機能をまだ知らないのであるから、特定の変異を持っているということは数学には不利かもしれないが、何か別の領域で別の変異を持つ人にはない有利な点を持っているということもありえる。つまるところ進化は、これらのリスクタイプの変異を洗い流してはいない。我々は数学の成績についての遺伝学的土台の地図作りを始めたところだ。そしてまだ、進むべき長い道がある。

養育は数学的能力にどう影響するのか？

　数学的能力と成績の個人差に遺伝子が及ぼす影響の証拠は確実である。我々自身のグループも、ほかのグループも、関連遺伝子の同定作業を始めている。しかし、これは時間のかかる作業である。きっと個々には小さな効果しか持たない特別な遺伝子を同定するよりも、数学の成績の違いを生み出す養育のさまざまな面を同定する方が簡単に違いないのではないか？　残念ながら、そうではない。これまでの研究が示唆するところでは、環境の種々の相もまた、非常に小さな効果しかなく、複雑なやり方で相互に関連しあっているし、遺伝子とも関連している。我々は簡単に両親や学校のせいにしたり、基準を下げたり、食品添加物のせいにはできない。例外的な場合は普通極端なリスク環境というように分類できるが、それは比較的に数学の成績が悪いとかいうようなレベル

ではなく、はるかに子どもに悪影響を及ぼすような重大な問題のある環境の場合である。

　実際、数学の成績に及ぼす環境の影響について、遺伝的背景を慎重に扱った主要な研究は見当たらない。数学の成績に及ぼす家庭あるいは学校環境の影響を調べる研究が遺伝を考慮されていなければ、大規模研究ならば価値があるかもしれないが（たとえば、ある実験的介入が対象人口全体の成績の平均を高めるかどうかを見るような場合）、これらの研究の多くは事態を混乱させるだけである。たとえば次の3つの仮想的な研究結果があったとしよう。

- 親と毎日45分の教育的な遊びをする3歳児は、しなかった3歳児よりも10歳になったときの数学の成績が良い。
- （授業料の高い）私立学校に行った子どもの方が、そうでない子どもより数学の成績が良い。
- 薬物中毒の親の子どもは、他の子どもに比べて明らかに数学の成績が低い。

　こういった結果は額面通りに受け取られやすい。我々の偏見や先入観に一致するからである。もちろん、時間を見つけて、遊びを通して子どもに教育するのは子どものためになる。もちろんお金を払えば、良いサービスを受けることができる。もちろん親の薬物中毒は子どもが成功するかどうかに関係する。けれども、これらの仮説が遺伝子の効果を考慮しない研究で検討されたとしたら、本当の証拠を得たことにはならないのである。遊びや教育や薬物中毒が正しく環境の効果であって、遺伝子の影響とごっちゃになってはおらず、環境の別の面の影響によるものでもないという証拠にはならない。

　親子の遊びを例にとってみよう。集中して教育的な遊びを毎日45分間、3歳児と一緒にできるような親は、おそらくフルタイムの仕事を持った4人の子どもの母親ではないだろう。これらの親にはすでに選択がかかっている。子どもとの特別の遊びの時間がとれるだけでなく、こういうふうにして遊ぶことを望んでいる、あるいはこういう遊びが子どもに良いだろうという信念を持っている親である。このような親にとっては子どもが学校でうまくいくことが大切で、そうなるように親が責任を引き受けているのである。さらにこの親たちは、子どもを45分間刺激する時間も知的能力も持っている。また彼らの子どもたちは3歳だが、45分間の組み立てられた、1対1の遊びに進んで加わることができ、精神的な刺激を喜んでいる。おそらくは、元々こういったことが上手なのであ

る。

　そういうわけで研究者は、このような早期の1対1の遊びは学校での数学の成績と関係しているという結果を得ると、この関係が成立する理由がいくつもあると考える。おそらく生まれつき数学やパズルだの問題解決といった関連の技術が得意な子どもは、そういうたぐいの遊びを親に引き起こすだろうが、違った欲求と違った能力を持った子どもは役割ごっこや泥遊びや体を使った遊びのような遊びをやりたがる。これを我々は喚起型遺伝子－環境相互関係と呼んでいる。おそらく、このようなやり方で3歳児に集中する親は学校に行っているあいだじゅう細かな管理をするだろうし、子どもが何かわからないそぶりを見せたらいつでも助けるか、確実に助けを見つけ出せるようにしておこうとするだろう。おそらく、このような親も子どもも、生まれつき勤勉なのだろう。何が起きようと、常に適切なことをやりたがるのである。心理学を専攻した大学1年生に言われる決まり文句がある。傘を使うことは雨降りと相互関係があるけれど、傘をさすから雨が降るわけではない。言い換えると、相互関係は原因を意味しない。

　同じことが、私立学校や薬物中毒の例にもあてはまる。私立学校に進学できる子どもは数学の成績と関連しているだろう。なぜなら、学費を払える親自身が学校の成績が良かったし、子どもに社会的なものというよりも試練を潜り抜けるだけの生物学的能力を伝えたからである。このような子どもたちには、成功するための手助けはほぼ不要である。彼らの数学の成績が良いことと学校教育の質が良いかどうかとは、おそらく関係がない。彼らは元々賢くて、どこでも優秀な成績を収めるのである。薬物中毒の親を持つ子どもは危険をかえりみない性格を受け継いでいるだろう。そういう子どもにとっては静かに座って、数学の技術を学ぶようなことは面白くないだろう。彼らは遺伝的な理由からも環境的な理由からも、数学は不得手だろう。遺伝子の効果を調整できていない研究の大半は、何の役にも立たない。

　したがって数学の成績を本当に高めたいと思うなら（実際そうすべきなのだが）、遺伝子を考慮に入れるところから始めなくてはいけないし、誰の数学の成績を上げたいのか決めなければならない。国全体の数学の成績を上げたいのか、成績の悪い子どもたちか、平均点以下の子どもたち全部か、女の子か、男の子か、数字を扱う仕事をしたい子どもたちか？　我々は効果的と思われる影響を見定めて仮説を作る必要があるし、生物学的なレベルで何が起こっているか明らかになるまでは、遺伝的な効果を統計的に調整する必要がある。そして、

最も大切なことは、遺伝子と環境が互いに及ぼす影響を調べて、どういう環境がどの子どもたちに最も有益かを理解できるようになることである。遺伝学と連動することだけが、本当に数学を一人一人の子どもにもっと効果的に教えることを可能にするのだ。

5章　体育 ── 誰が、何を、なぜ、どこで、どのように？

　2011年11月にスポーツとスポーツ医学の専門家であるアンドルー・フランクリン・ミラー博士は、2012年ロンドン・オリンピックに向けて強化することは英国の子どもたちにもっと活動的になるよう励ます、またとないチャンスであるとする声明を発表した。彼は英国にとってオリンピックは健康と活動的なライフスタイルを推進する比類ない機会であるけれども、この機会が見過ごされつつあると論じた。英国の10歳と11歳の子どもの3人に1人は太りすぎあるいは肥満の部類に入るという事実は、フランクリン・ミラーによれば弁解の余地がない。「我々は子どもたちを1日のうちで7時間も一か所にしばりつけている。彼らに向かって我々は、体を動かすことや健康や福祉にプラスの影響を与えるところから始めなくてはならないだろう。」この章では、遺伝的研究が国民の健康を改善するための教育に貢献できるのか、そしてそれはどのように働くかについて、何が言えるかを調べよう。

　フランクリン・ミラーは、学校は状況を好転させることができる場所だと言う。体を動かすことを数学や読み方や作文と同じように必修テスト化することでそれができると言う。さらにテストが必要だという考えには、すぐ反発が起こった。けれども必修のテストにしなければ、そして体育が得意ではない子どもたちを助けるためのステップを明確にしなければ、何も変わらないだろうとフランクリン・ミラーは考えている。しかし学校スポーツが問題の真の解決策なのだろうか？ そして純粋に学問的というよりも、医学的な課題に取り組むのに学校は適切な場所なのだろうか？ フランクリン・ミラーの考えを我々の、遺伝子と環境がどう作用するかという理解に基づいて再検討してみよう。

　学校がスポーツの能力や健康に影響することができるか、もしできるとしたらどうやって？と考えるとき、遺伝子の役割を考慮するといくつかの疑問が生じる。たとえばフィットネスや肥満や心疾患に遺伝的影響があることを考えると、体育に授業時間を割くことは、体を動かすことに関するカリキュラムの公的評価が必要になるだけでもややこしいのに、余計なことではないのだろうか。

さらに、もし環境がこれらの健康状態に影響するとしたら、共通環境と非共通環境のどちらなのかも考えなくてはならない。一例をあげると、もしフィットネスや肥満に共通環境の影響が大きくて非共通環境の影響がほとんどないとしたら、フランクリン・ミラーの提案するフィットネスの計画的な運動と「腕立て伏せや懸垂やスクワットや直立や回転やダッシュや方向転換を含んだ体育のカリキュラム」のテストは効果があるだろう。けれども、もし非共通環境の方が影響するのなら、十把一絡げのアプローチでは目標を達成できないだろう。

　学校での体育教育はティーンエージャーの時期が最も活発で、13歳から19歳にかけては一般的な運動が減って座業が増える。座業の生活スタイルと後年の健康問題の関連が知られているが、これは教育や健康や医療経済に関わる政策決定者の注意すべき点であろう。この現象の原因はいくつか考えられる。たとえば13歳では、学校では体育がまだ必修科目である。親は子どもたちを練習や試合や競技会に連れて行く。19歳までにはたいていのスポーツは学校ではなく、若者本人の意欲と愛好心によって行われるようになる。この時期には勉強も、友達づきあいもさらに重要になるので、活動的であることは若者にとって大切ではあるけれども、良い成績をとったり友達とうまく合わせることの方が先に来る。また思春期に伴う体の変化や羞恥心から、スポーツ用具を手にして走り回ったりすることに気が進まなくなる。体育の見学届も、高校生になるとずっと増える。

　ちょうどティーンエージャーの時期に運動に対する好みが変わるように、遺伝性のパターンも変わるのである。子どもたちにおける遺伝子と運動の関係は新しいけれども発展が期待される研究領域である。多くの先進国では肥満の開始が低年齢化していることも、その理由の一つである。肥満研究者と行動遺伝学者によって行われた英国の研究によれば、9歳と11歳の遺伝性と運動能力について、男子の場合も女子の場合も共通環境が運動能力にきわめて大きな影響を及ぼすことが明らかになった（Fisher et al., 2010）。この年齢の頃には学校でも家庭でも運動は大いに奨励される。フランクリン・ミラーの提案は小学校や中学校の初めの頃には効果があるだろう。

　けれどもオランダの双子研究では13歳から19歳までの期間の運動について調べられたのだが、共通環境の影響は15歳になるまでには減少して、ほとんどゼロになってしまった（van der Aa et al., 2010）。同様の結果がベルギーとポルトガルの研究でも報告されている（たとえば Maria, Thomis, and Beunen, 2002）。10代の初めから中ごろにかけては、遺伝子と非共通環境が運動の頻

度や持続や強度に大きく影響する原動力となる。遺伝子が運動能力の違いの75％を説明する。非共通な経験は学校のチームに選ばれたり、競争に勝ったり負けたり、クラスで最後に選ばれたり、スポーツの実力のためにいじめられたり褒められたり、自分に合った練習をすることができたり、そういったことが含まれている。そしてもちろん子どもたちはこういう経験を探したり、見つけたり、引き起こしたりする遺伝的な傾向を持っているのである。共通環境は、これらのティーンエージャーには実際何も影響しない。

　オランダの研究者たちは、思春期までの身体活動レベルへの強い遺伝的効果は、実際にスポーツ能力に対する強い遺伝的効果を反映しているという仮説を立てた。ここで我々が観察していることは能動的遺伝子－環境相互関係であり、身体活動に才能のある若者は運動を続けるが、遺伝的に運動が好きでなかったり上手でなかった若者は、運動をやめていいとなると、すぐやめるだろう。けれども運動は好きか嫌いかにかかわらず、体には良い。そして座業ばかりでは体に悪い。したがって自然に任せるだけでは不合理だ。今明確でないことは、このような公衆衛生の問題に対処するのは学校の責任なのかどうかということである。

　すでに明らかにしたように、我々は今日の教育の目的は2つあると考えている。1番目はすべての子どもが一定のレベルの読み書き、算数、IT技術を身につけるようにすることである。2番目は彼らの才能や特別な能力を見つけて伸ばす機会を与えることである。子どものユニークな強みは、社会に出た自分の居場所をうまく見つけることに役立つだろう。生徒に広い範囲の運動を提供することは、この2番目の目的にかなう重要で必要な項目だろう。したがってスポーツを選択できるようにしておくべきだし、その程度もやさしいものから高度のものまでさまざまで、それぞれの年齢に応じて、すべての学校で提供されるべきである。けれども、スポーツや運動は必修にすべきものだろうか？　もしそうなら、どのくらいの期間にすべきなのだろうか？

　国民の健康は、我々の提案する学校教育の優先事項ではない。フランクリン・ミラーが学校はできるだけたくさんの若者が集まることのできる傘であると言っているのは疑いもなく正しい。このことは、我々が彼らの将来に関与することを可能にする。けれども学校は、子どもの将来のすべてに責任があるのだろうか？　子どもたちに料理や掃除や運転や人間関係の作り方や子育てや金銭管理やネット販売のしかたまで教えなくてはいけないのだろうか？　そうかもしれない。けれども、これは科学的な問題と言うよりも、政治的あるいは社

会的な問題である。それに、学校の時間はそんなに長くはない。

　遺伝子研究は、その研究の背景にある政治哲学がどのようなものであれ、どの方法が有効で、どの方法がムダか、ある程度の証拠を提供できる。それらによれば、学校教育の必修の体育は健康に有益だし、その後、体育を必修で続けることも効果がある。統一された体育カリキュラムはフィットネスと活動性を刺激するように思われるが、それは中学生の初め頃までである。このことを考慮すると、小さな子どもたちにも広い選択肢を与え、ある程度専門化可能とすることが適切であると思われる。というのは、遅くとも14歳か15歳までに、生徒は自分の好きな種目の運動だけをするようになるからである。したがって子どもたちが中学生になる前に、何ができて、どんなことが好きなのか、早めに調べておくことは意味がある。中学校以降については、カリキュラムはすべて選択制にすべきである。ネットボール〔訳注：英国などで行われるバスケットボールに似た女子の球技〕が嫌いな女の子でも、ヨガやゴルフは好きかもしれない。ホッケーの嫌いな男の子が社交ダンスや登山は好きということもあるだろう。小学校は2つのことをする場所である。統一した体育のカリキュラムによって健康を推進することと、個別化と選択を介して好きな運動を奨励することである。自分の好きな運動種目を見つけることは思春期に健康な選択をする準備になるし、以後の人生にも役に立つ。

　もし子どもたちが健康な身体と健やかなライフスタイルを維持する方法を見つけることができたら、個人にとっての利益は言うまでもないが、社会にとっても経済にとっても莫大な利益になるだろう。スポーツが好みでないこともあるし、子どもたちがみんな才能を持っているわけでもないから、この議論は学校で体育を続ける良い根拠になる。結局、フランクリン・ミラーの言うように、子どもたちを健康にする教育を行うことはかなりの社会的メリットがあるだろう。けれども、どうやってその目標に達するのか？　学校での体育が喫煙や肥満のような複雑な社会問題や健康全般にどのように良い影響を与えることができるのだろうか？　再び遺伝子研究が、いくつかのヒントを提供してくれる。

遺伝子、スポーツ、喫煙

　公的場所での喫煙禁止は世界中で実施されている。箱には「喫煙は人を殺す」との警告が書かれ、タバコはどんどん高額になっている。それにもかかわらずティーンエージャーはこの習慣に引き寄せられたり、友達と最初の喫煙を

したりし続けている。大人になったとか、かっこいいと思われたいという理由もそうだが、仲間からの圧力もその一因だ。けれども、こういったありきたりの説明の背後には、遺伝子と体育に関連した興味深い話がある。

　ペンシルバニア大学のチームによって行われた研究は、スポーツと喫煙の関係に新しい光を投げかけた。研究者たちはなぜ一部の若者は最初の試し喫煙から習慣的喫煙になってしまうのに、他の若者はそうならないのかについて検討を開始した（Audrain-McGovern et al., 2006）。そこには先行研究で知られているあるパターンがあった。たとえば、ほぼ25％の若者は喫煙常習者で、喫煙傾向は思春期を通して増加する。運動やチームスポーツへの参加は同じ時期、減ることが知られている。さらにまた、運動に熱心なティーンエージャーがタバコを吸う割合は他に比べて半分であり、チームスポーツをしない若者は学年が上がるにつれて、運動を続ける若者に比べて喫煙常習者になる割合がほぼ3倍である。遺伝学で見出される新しい証拠がなくても、これらの統計は若いうちから運動とチームスポーツへの参加を奨励することを強く支持している。そして非常に重要なことは、彼らが運動やスポーツに関われるように手助けしてやることである。この時期、試験やタバコのようなつきあいなど、プレッシャーも誘惑も大きくなるのだから。研究者たちは、これらの統計に基づいて以下のように推論した。おそらく運動はティーンエージャーを明白なかたちで、タバコに引き寄せられ中毒になることから守っているのではないか。

　けれども、もちろんこれは、簡単な方法で解決できる簡単な話ではない。喫煙がかぎタバコと同様に旧弊として捨て去られて、ティーンエージャーは皆土曜の朝にはベッドから跳び起きてバレーボールの試合に行くのならよいのだが。運動とティーンエージャーの喫煙には関係があるが、喫煙嗜好の個人差は遺伝子の影響を受けるし、2つの候補遺伝子も我々は知っている。喫煙のリスク遺伝子として知られているものに、ドーパミン再取り込みトランスポーター SLC6A3とドーパミンD2レセプター DRD2がある。この2つまたは1つの遺伝子が、リスクタイプの遺伝子型を持ったティーンエージャーは喫煙常習者になりやすいのである。対立遺伝子〔訳注：遺伝子は父方と母方から1個ずつ子どもに伝えられるので、それぞれを対立遺伝子と呼ぶ〕のDRD2がA1である場合（DRD2-A1)、喫煙常習者になりやすさはDRD2-A1が1個ならDRD2-A1を持たない若者の2倍、DRD2-A1が2個であれば4倍となる。この2つの候補遺伝子ともにドーパミン〔訳注：脳内の情報伝達物質の一つで、後述のように報酬の認識に関与する〕経路に影響する。2つの遺伝子がリスクタイプのティーンエー

ジャーはその世代の20％を占める。30％以上のティーンエージャーが少なくとも1つはリスクタイプを持っているので、少なからぬ若者が死亡率を高め、かつ高額を費す喫煙習慣に陥る可能性がある。このような候補遺伝子研究の再現は優先すべき課題だが、いずれにせよ、この研究は喫煙防止の議論に遺伝的影響を考慮すべきことを示唆している。

　ドーパミンの機能の一つは報酬を認識するメカニズムである。ペンシルバニアの研究者たちは次のような仮説を立てた。DRD2-A1タイプの遺伝子（あるいはSLC6A3遺伝子の10リピートタイプ）を持ったティーンエージャーはドーパミンの活性が低い。ニコチンはドーパミンの活性を高めるので、喫煙は報酬を高めるのかもしれない。言い換えれば、リスク型の遺伝子を持たないティーンエージャーよりも、リスク型の遺伝子を持つティーンエージャーに、より快感を与えるのである。

　しかし例によって遺伝子は決定的でもないし、ニコチンはドーパミンの濃度を高める唯一の方法でもない。ほとんど常に他にも方法がある。動物実験によると、運動はドーパミン濃度に対するニコチンとよく似た効果がある。したがって運動は同じ報酬を得るための安全な別の方法である。言い換えると喫煙常習者になる可能性のある遺伝的リスクを持った若者がタバコを吸って得られる快感はかなりの程度、スポーツで置き換えることができるということだ。ティーンエージャーの喫煙習慣に関する研究によれば、個人差の37％が運動をするかどうかと関連している。もっとも、その違いは原因かもしれないし、結果かもしれないのだが。

　もう一つ考えられる説明は、チームスポーツがコーチや選手仲間から禁煙メッセージのような社会的仕組みを介して、喫煙の遺伝的傾向を持つ若者に影響することだ。この社会的な仕組みは、スポーツによって起こるドーパミンの増加という化学的なメッセージをさらに強めるだろう。これは遺伝子－環境相互作用の良い例である。遺伝子の効果、この場合は喫煙傾向を持つ遺伝子のネガティブな効果だが、環境的な手段によって変えられ、遺伝的にプログラムされたドーパミンの上昇は環境要因によって置き換えられる。

　要約すれば、研究者たちは次のようなことがらを見出した。チームスポーツに参加することは、たとえ、その若者がタバコを手に取って喫煙習慣に陥るおそれのある遺伝的傾向を持っていたとしても、ティーンエージャーが喫煙常習者になることから守ってくれる。そして、喫煙習慣から守る作用の一部は、運動への参加によって説明できる。これは学校のスポーツにどんな意味を持つの

だろうか？　単純に考えると、若者を喫煙から守るには、彼らが喜んで参加するようなスポーツを最低一つは探し出すことに注力するということだろう。この研究に基づいて考えると、これはちょうど学校スポーツに病気を予防する役割を認めるようなものだ。一人一人の生徒にふさわしいスポーツ（とくにチームスポーツだが）を見つけてやることは、中学校体育の有効な、やりがいのある目標と言えよう。こういったことが学校の時間の良い利用法かどうかは、社会が決めることになる。

肥満、遺伝子、環境

　この章で次に論じる問題は肥満である。学校スポーツは先進国で悪化しつつある肥満の問題に、現実的に取り組むことができるのだろうか（Kelly et al., 2008）？　理論的には、これは可能だろう。肥満は座業のライフスタイルと関連しているからだ。しかし、ほかの環境要因の影響も肥満とつながっている。社会経済的地位の低さやストレスや教育程度の低さなどである。ここでは食物については述べない。先進国では歴史上初めて貧者が富者よりもはるかに肥満に陥りやすくなった。さらにこの傾向の背後には、環境要因が関わっているに違いない。なぜなら遺伝子の立場からは、これほど急激な変化を説明できないからである。

　けれども矛盾しているように思われるが、遺伝子は肥満度指数（BMI, body mass index）と肥満に最も強い影響を及ぼす（Grilo and Pogue-Geile, 1991; Dubois et al., 2012）。ここで、身長も遺伝子の影響を受けることを思い出してほしい。身長はヒトの形質の中で実際、最も遺伝子の影響を受けるものの一つであり、健康や栄養が改善したために今なおヒトの身長は高くなり続けている。肥満度指数は身長と同様に遺伝的である。遺伝子は体重の個人差に影響するが、経験は遺伝子による個人差を変えることができる。集団のレベルでは環境的な理由によって肥満は増加傾向にある。その例は、ある種の食物は容易に安価で手に入るし、運動も減少していることである（Skelton et al., 2011）。遺伝子は平均的な集団の肥満を増加させることはできないが、肥満度の個人差には影響する（Wardle et al., 2008）。TEDS双子研究で7歳と10歳のときに行われた調査の結果によると、7歳では肥満の個人差の60％が遺伝子によって説明された。10歳では74％が遺伝子によるものであった。我々の研究における双子は同じ家に住み、同じ学校に通っているにもかかわらず、共通環境の影響は小さく、子

どもたちが成長するにつれてその影響はますます小さくなる。したがって揚げ物料理ばかりするからといって、母親だけを責めるわけにはいかない。子どもの肥満の個人差に対する共通環境の影響は、出生時で40％、7歳で22％、10歳になるとわずか12％である。これから言えることは、たとえばフランクリン・ミラーの言うような十把一絡げの方法は肥満に立ち向かうのに最適ではないということである。すべての学校で行われている一連の健康教育や運動の授業は、平均体重を減らすことはできるかもしれない。けれども肥満の子どもたちはやっぱり肥満のままだったり、肥満とまではいかなくても太りすぎだったりするだろう。肥満の子どもたちや肥満予備軍の子どもたちに対して、一人一人異なる個別の介入による遺伝子−環境相互関係を利用する試みは、手間がかかるがもっと確実に成果のあがる方法であろう。

　遺伝的な影響が大きいために、平均以上の「体重増加」遺伝子を持った子どもたちの体重コントロールはさらに難しいものとなる。そのうちに、こういった子どもたちについてDNA診断によって早期に特定し、早期のサポートが可能になるだろう。このような早期の予測は、我々が今やっている問題「修復」の試みよりも、はるかに強力な予防対策を可能にするだろう。その一方で一人一人の子どもに個別化した、運動に基づく介入は、肥満に取り組み、将来の健康につながる、良い方法の一つである。子どもたちは喜んで運動に参加し、おそらく楽しんでくれるだろう、一人一人の子どもに個別化した運動を探してやるのである。けれども、あなたが食べたクッキーの分のカロリーを消費するには、たくさんの運動をしなくてはならない。それに、運動はさまざまな肥満対策の方法の一つにすぎない。学校は病院や医療現場に紹介する紹介元の一つにはなるだろう。結局のところ、肥満問題の解決は、学校スポーツの目的ではないと思われる。

　肥満については、食物は運動同様、当然考慮されなくてはならない。親が家庭で子どもたちに食べさせる食事は家庭によって大きく異なるが、すべての子どもが1日1食は学校で食べる。子どもたちは温かい学校給食を食べることもあれば、自宅から持ってきたお弁当を食べることもある。英国を含む一部の国々では、貧しい家の子どもには無料の温かい学校給食が提供される。近年、英国では学校での給食について、前例のない公開での過熱した討論が繰り広げられている。有名なシェフであるジェイミー・オリバーは健康な学校給食キャンペーンの先頭に立っていて、政府も注目している一方、不満を持っている親からは非難されてもいる。不満を持つ親の一団が「ミートパイ・マム」と呼ば

れる母親たちである。学校の食堂で提供されるようになった野菜の危険に対抗して、チーズバーガーを子どもたちに手渡そうとする。これは面白いテレビ番組になったし、マスコミは大騒ぎした。ジェイミー・オリバーのキャンペーンは急激な変化を要求していることと、自宅からの弁当を強調するあまり、学校での食事提供が減る結果になったことを批判された。

　子どもたちの食事はさまざまだし、大部分の食事は家庭で食べるわけだから、学校が食事を介して肥満対策に取り組むとしてもできることはそれほどない。食物は大部分は個人的なもので、公的なものではない。万人向けの料理教室も、大多数の人にとっては肥満対策の答えにはならない。なぜなら共通環境の影響は継続させようとしても、年齢とともに消えていくからである。これが意味するのは次のことだ。共通環境は肥満にはそれほど影響しないので、国内のすべての学校で、みんなに同じ健康に良いランチを強制的に提供しても、肥満率には大きな影響はないだろう。けれども健康増進のための運動プログラムと組み合わせると、学校給食のランチが栄養のバランスがとれていることと、ランチには何を加え、何を加えないかの制限をすることは意味を持ってくる。

　要約すれば、体重は遺伝的影響を強く受けるが、環境もまた重要な役割を果たす。これまでの研究によると、小学生の平均体重は低学年のうちは共通環境の影響をほどほどに受けるが、中学生になるとほとんど影響を受けなくなる。肥満児童に資源と時間を集中し、そうした子どもたちが好きな運動やその他の健康な日常生活上の対策によって体重減少プログラムを個別化することが適切であろう。これらの対策のいくつかは、一人一人が興味を持つような幅広い選択肢の備わった運動の機会を提供することによって、学校の体育で扱うことができるだろう。けれども肥満傾向のある子どもたちには、学校の対策よりも、別の、個別化した支援が必要であろう。

健康の遺伝性

　肥満と喫煙は両方とも健康に悪影響を与える。ウサイン・ボルトは恐ろしく走るのが速い身体をチョコレートバーやタバコで作り上げたわけではない。けれども健康に影響するのは食物や運動だけではない。クロード・ブシャール教授のチームはHERITAGE家族研究というプロジェクトにおいて、座業の多い生活スタイルの参加者間の健康の違いを検討した。ブシャール教授はカナダ人の1グループに5か月間、互いに全く同じ方法でトレーニングをしてもらい、

その間の彼らの健康の変化を調べた。その結果、同じトレーニングでありながら、参加者の身体的反応には大きな違いがあった。最大酸素摂取量（VO2max）〔訳注：体力の構成要素のうち全身持久力の指標。単位時間当たりに体組織が酸素を取り込む最大量〕を健康の指標として用いたところ、トレーニングの結果、平均33％の増加が認められたが、1人の人は88％も増加したのに別の人はわずか5％しか増加しなかった。ブシャール教授はさらに90分間の自転車漕ぎにおける平均持続出力を用いて、運動能力の変化を検討した。再び、すべての参加者に同じトレーニングを行ったのに、かなりの違いが認められた。全体としてみれば、20週間後には運動能力は平均51％も上昇した。トレーニングの結果、全員が改善した。けれども改善の程度が最大だった人と最小だった人では著しい差があった。ブシャール教授は「反応群」と「無反応群」がいると提案した。彼はまた、トレーニングに対する反応の時間の尺度は個人によって違うので「遅咲き型」の人もいると述べた。ある人々はトレーニング開始6週間以内に大きく改善し、その後は改善は見られないが、他の人々は最初の6〜10週間は効果が見られないのに、その後、明らかに改善が見られる。同じ訓練がみんなに同じパターンの改善をもたらすのではない。このことは子どもでも大人でも運動能力には著しい個人差があるので、個別化した、異なった方法でそれを引き出してやる必要があるという我々の主張をさらに裏付けるものである。

　ブシャール教授のチームは、この現象を遺伝子を考慮した研究方法でさらに追究した。今度は一卵性双生児10組を対象に20週間のトレーニングを行った。被験者の双子たちには45分間のトレーニングを毎週4〜5回ずつしてもらった。トレーニングの平均強度は最大心拍数の80％になるように設定した。プログラム終了までに最大酸素摂取量は平均14％増加した（生活スタイルが座業中心の人は対象としなかったので、この増加量はそれほど目覚ましくはない）。換気性作業閾値（ventilatory threshold）は呼吸数が劇的に増加する運動強度であるが、これも17％の増加が認められた。最大酸素摂取量の増加は双子のきょうだい同士のあいだではきわめて似ていたが、別の双子たちとは異なっていた。このことからトレーニングは異なった遺伝子の多型に異なった効果をもたらすと考えられる。一卵性双子はトレーニングに対してほとんど同じ反応を示すことから、ここでの反応の違いは遺伝子の作用によるものと思われる（Bouchard et al., 1999参照）。HERITAGE家族研究の一環としてブシャール教授たちは最近、最大酸素摂取量をトレーニングで増加させることに関連したいくつかの遺伝子を同定した。たとえばクレアチンキナーゼの筋型遺伝子のCKMである

〔訳注：クレアチンキナーゼは筋収縮に関わるエネルギー代謝反応の酵素で脳型（B）と筋型（M）の2個のサブユニットから成る〕。これは健康について重要な意味を持つ意義深い研究である。というのは、通常の持久力トレーニングは心血管系疾患と2型糖尿病のリスクに対して効果があることが示されているからだ。

　それでは、このことは学校体育や校外スポーツ活動にどのような意味を持つのだろう？　子どもが運動から利益を得そうにない場合は、それは時間のムダだろうか？　これらの質問に明確に答えるには、運動の程度とそれに対する反応を調べる大規模な双子研究を行ってみることである。当面は、我々が知っていることで行くしかない。それは、スポーツ能力と健康は遺伝性があるが、遺伝子がすべてを決定するわけではないということである。学校のスポーツのような共通環境は、少なくともティーンエージャーになるまでは大きな影響力を持っている。この情報を使って有益な選択と有益な遺伝子－環境相互関係を引き出すことが、これから先の最善の方法である。したがって小学校の体育は一般的な健康増進を意味するだけでなく、子どもたちが自分の才能を見つけたり、それを伸ばしたり、少なくとも運動を楽しんだり、あるいは耐えられる選択肢を準備してやることでもある。

体育授業のヒーロー

　今まで我々は遺伝子の観点から、体育を学校で教えることは意義があるのか、大部分の子どもたちにとってどのような利益が生じるかを見てきた。けれども本当にスポーツの天分のある子どもたちの場合はどうなのだろう。世界レベルあるいは最高のレベルで競うことができるようになるだろう子どもたちの場合は？　彼らの成功の根底にあるものは何で、学校は彼らを育成できるのだろうか、また、彼らが能力を十分に発揮できるようにサポートできるのだろうか？

　　これはぼくの新しいバスケットシューズだ。いい靴さ。この靴が君をぼくのような金持ちにはしないだろう。ぼくと同じように君がリバウンドボールを取れるようにすることだってない。君がぼくのようなハンサムな男になることももちろんない。ただ、君がぼくの靴と同じモデルの靴を持つということだよ。そういうことさ。
　　　　　　（チャールズ・バークレー、バスケットシューズのコマーシャルより）

スタイルを気にする、英雄崇拝のティーンエージャーにとっては、靴だけで十分かもしれない。けれども他のティーンエージャーたちはどうだろう、容姿や金や、なかでもとくに、リバウンドボールを取れるようになりたいという場合には？　スウェーデンの実験生理学者のパー・オロフ・オストランドはかつて、高い目標を目指す運動選手ができる一番良いことは、正しい両親を選ぶことだと言った。彼の意味するところは明らかだ。スター選手は生まれるもので作り上げられるものではない。別の研究者たちはスポーツのエリートの基準は、広範な、熟練したトレーニングの結果であると主張する。2つの学派（生まれつき派 vs. トレーニング派）は、昔ながらの生まれか育ちか論争の鏡像である。完全な自信を持って我々が予測しうることがあるとすれば、それは、運動選手の能力は、たとえその能力がそのスポーツの頂点にある者であっても、遺伝子と経験の両方の作用を受けているということだ。なぜなら人間のなすことは、すべてそういうものだからだ。

　遺伝子と経験の相対的な、そして相互依存的な役割を明らかにしようとするなら、この領域のさらなる研究が必要である。しかし、自分の赤ちゃんがスポーツでどれほど成功するか、どのスポーツを勧めたらよいかを知りたい親に対してDNAテストを宣伝する、一握りの米国とオーストラリアの企業を食い止めることはまだできていない。サンディエゴ医療センターの部門間遺伝子治療プログラムの責任者であるテオドール・フリーマン博士は、このようなDNAテストを「最新版のいんちき薬を売りつけるチャンス」と決めつけている。

　実際、博士のこの主張は十分な研究に基づいている。科学ではしばしば起こることだが、これは誤った商業利用なのである。シドニー大学のキャスリン・ノース教授は稀な神経筋疾患の遺伝学が専門である。研究を続けるなかで、筋肉のタンパク産生を調節するACTN3という遺伝子に焦点を当てるようになった。これは神経筋疾患の研究者にとっては良い選択だ。ノース教授は彼女が調べた患者たちでは、ACTN3遺伝子が作るアルファ・アクチニン3というタンパクが不足していることを見出した。ところが患者の親類で健康な人もこのタンパクが欠けていることと、この研究の研究チームのメンバーにもこのタンパクを欠く人がいることがわかった。さらにこのタンパクの欠損は、白人のほとんど5人に1人に見られることも明らかになった。しかし、大部分の人たちはこの欠損があっても神経筋疾患に罹患はしない（Yang et al., 2003）。彼らはこの遺伝子についてさらに研究を進めた。

アルファ・アクチニン3は速筋に見られる。速筋とは短距離走やジャンプのような力強い動きをするタイプの筋肉である。たとえばウサイン・ボルトのような人を想像するといい。彼は大量のこのタンパクを持っているだろう。ヒトは皆、2コピーのACTN3遺伝子を持っている。1つは母親から、もう1つは父親からもらう。この遺伝子にはカギになる2つの多型が知られていて、それらはRとXである。X多型は筋肉細胞においてACTN3遺伝子にコードされた遺伝情報が読まれることを中止させてしまうので、もし、あなたがACTN3のX型の遺伝子を2個両親から受け継いでいるとしたら、アルファ・アクチニン3タンパクを全く作れないだろう。人口の中でばらつきがあるとしたら、ACTN3のR多型を2個持つヒトは1個のR多型しか持たないヒトや、さらに悪いことにX多型を2個持つヒトよりも短距離走や筋力を必要とするスポーツが得意ということになるとノース教授のチームは推論した。

彼らはオーストラリア・スポーツ研究所と共同で、さまざまなスポーツのトップレベルの選手たち4000人以上からDNAを採取して、対照群と比較した。彼らは次のような結果を得た。短距離走やパワーの必要なスポーツの競技者たちは、実際、2コピーのACTN3遺伝子活動型多型を持っている者が多かったが（RR）、さらに驚くべきことには、持久力の必要なスポーツの競技者では2コピーの欠損型多型を持っていたのだ（XX）。言い換えると、本来、欠損型と思われていた多型（X型）は実際、遅い動きの筋肉活動（遅筋）の役に立っていたのだ。映画『サウンドオブミュージック』の中で、女子修道院の院長は、「神が1つの窓を閉められたとき、どこかの窓をお開けになる。」と言っている。この研究の背後では、ACTN3は「スピード遺伝子」という名前をつけられて、オーストラリアのビクトリア州のジェネティックス・テクノロジー社や米国コロラド州ボルダーのアトラス・スポーツ・ジェネティックス社は2歳から8歳の子どもを主なターゲットにしてDNAテストキットを売り出している。

8歳以下の子どもたちはまだ行動だけを通して、その素質を示すのは難しいというのがこのキットを売り出す理由である。したがって適切なトレーニングを幼少期に始めたいならば、そして、お金を稼いだり、輝かしいスポーツ人生を始めるべき時期に落書きしたり、鬼ごっこしたりで時間を無駄使いしないようにするには、もう一つ別の方法が必要なのである。キットの販売会社はRR型多型を持った子どもたちには短距離走やジャンプのような瞬発力の必要な競技を勧めるといいし、XX型多型の子どもたちには持久力を要するスポーツ、…たとえば、マラソンや漕艇を勧めるべきだと主張する。(8歳以下の子どもに

適当な持久力の必要なスポーツというのはちょっと難しいが。）ありふれたXR多型の子どもたちの場合は自分で選ぶのだが、瞬発力の必要な方か、持久力の方か、どちらの方がうまく行くのかはわからない。彼らはどちらもできるのだろうか？　彼らは凡人に運命づけられているのだろうか？　あるいは彼らはスピードも耐久力も必要な、格闘技のような競技に向いているのだろうか？　DNAテストはあなたの子どもを幼稚園の運動会の障害物競走に出場させた方がいいのか、スプーンで卵を運ぶエッグアンドスプーン競走の方がいいのか決めることができるとキットの会社は言う。DNAテストを用いて、子どもたちの発達途中の興味や好みや素質を最優先させて子どもたちを仕分けるのはいい考えだと彼らは言う。さらに、小さな子どもたちの発達途上の体にとって個別化したトレーニングが望ましいと言う。全く正直に、野心家の親たちは分別よりもお金を払うと言っている。そして、親の弱みを熟知している狡猾な会社は、どうつけこむかをよく知っているのである。

　ここではっきりさせておこう。ACTN3遺伝子のRR型はウサイン・ボルトの競争力にはわずかな貢献をするだけである。スポーツの最高レベルにあってはごく小さな違いが金メダルと銀メダルの差になるかもしれないし、ナショナルチームのメンバーになれるかどうかに影響するかもしれない。XX型はハイレ・ゲブレセラシェ〔訳注：エチオピアの長距離走選手。5000m、10000m、ハーフマラソン、マラソンの元世界記録保持者〕や、スティーヴ・レッドグレーヴ〔訳注：イギリスのボート選手。1984年から2000年にかけて5大会連続でオリンピックの金メダルを獲得した〕にとっては、同じような理由でスポーツにおける達成度を押し上げただろう。けれども、あなたの子どもにとっては、とくに発達途上にある、ごく小さい時期には、この遺伝子は大きなさくらんぼパイの小さな1個のさくらんぼにすぎないのだ。ほかの多くの遺伝子がスポーツ選手の実力に影響する。まず第一に、体格や外形や健康やトレーニングに対する反応やトレーニングの意欲があげられる。これらが環境の影響以前に考えられることだ。もしかすると、あまりに若いうちに激しいトレーニングをすると、運動競技の能力に悪影響を及ぼすのではないか？　DNAテストを購入する親の示す、成功への飽くなき望みの方が、アルファ・アクチニン3のレベルやACTN3遺伝子の多型よりも、子どもたちの発達とスポーツへの関わりに関してはるかに強く影響するのではないか、と我々は言いたい。子どもたちが何を楽しんでいるか、何に引き寄せられているかを見て、彼らの選択をサポートしてあげてほしい。もしも彼らが2歳、4歳、6歳、8歳で何を選択するか決めることができな

くても、心配はいらない。あなたの子どもが稀な、1遺伝子の異常で起きるような病気にかかっているのだとしたら、DNAテストは圧倒的に確実な答えを出すだろう。こういった状況下では、スポーツ活動で何を選ぶかというようなことは最優先事項ではないだろうが、そういう場合でも、DNAテストはあなたの子どもの才能やこれからの道筋を予測することはできない。以下は我々の信ずるところだが、やがて我々はどの遺伝子がどの行動と結びついているかを今より詳しく知るだろうし、そのことは子どもたちにふさわしい機会を与えることに役立つだろう。けれどもDNAテストは、確実な未来を予測することは決してできないのだ。遺伝子は単独で働くのではないのだから。

　スポーツを一つの遺伝子で決定できるような簡単な活動だと単純に考えることも不可能である。たとえば水泳選手は腕、手、指、太もも、足、足指、肺、頭をコントロールしなくてはいけないし、それらを組み合わせて、優美に、効率的に、スピードと、パワーを持って動かさなくてはならない。彼らにはまた規則正しくトレーニングを行う意欲が必要だし、競技会では競争をかいくぐって勝つという意欲もなくてはならない。弱気とも戦わなくてはならないし、ライバルたちとも競わなくてはいけないし、能力を最大限に発揮するようにあらゆる要素を準備しなくてはいけない。これらの要素はスポーツによって異なる。とくに体操のような個人競技と、テニスのような1対1の対抗競技と、サッカーのようなチームスポーツでは違いがある。あるスポーツは他のスポーツと比べて、よりパワーや精神力や戦略やスピードが必要だ。けれどもすべてのスポーツにはさまざまな技術が必要なので、多数の遺伝子や経験に基づく非常に複雑な行動になり、それでまさしくQTL仮説の枠の中に収まるのである。

　我々はスポーツ能力に関わる可能性のある多数の遺伝子について知っている。多数の解剖学的な、また身体的な特性が、遺伝子の強い影響を受けていて、そのうちのいくつかはスポーツで成功するための重要な指標だということも知っている。たとえば心臓の冠動脈のネットワークである。この動脈の心臓内部の分布状態や血管の大きさはとても遺伝性が強い。肺への血管の分枝パターンもそうである。心臓の大きさ、筋肉のタンパク、筋線維の組成、脂質代謝もそうである。これらすべての特性が健康と運動能力に関係する。つまりはスポーツで成功するかどうかの特性には、あなたの親や先祖が重要なのである。面白いことには、もし、あなたが持久力競技の選手になりたいと思うなら、ある意味で、父親からもらった遺伝子よりも母親と母親の先祖からの遺伝子がずっと重要である。というのは、持久力を要する競技に必要なエネルギーの多くはミト

コンドリアという、筋肉内の小さな構造に蓄えられているからだ。ミトコンドリアはそれ自身の遺伝子を持っていて、母親だけから子どもに伝えられる。それは、卵子はミトコンドリアを持っているが、精子は持たないからだ。

　そこで遺伝子が問題になる。けれども遺伝子は何も決定しはしない。あなたが受け継いだ遺伝子は、トレーニング、栄養、意欲、ほかの好み（あなたは長距離の厳しいレースを走るよりも、長くて難しいピアノ協奏曲を演奏する方が好きかもしれない）、そして偶然の経験と組み合わされて作用する。遺伝子は真空中で作用するわけではない。けれども遺伝子は予測的力を持っていることも確かであり、よく理解して賢く利用すれば、我々が自身と我々の子どもたちに行った選択を支えることができる。先に述べた読むことと書くことと算数の場合と同様に、もし地球上の誰もが同じスポーツ教育を受けて同じ機会が与えられたとしても、運動能力の平均は改善するであろうが、運動能力のばらつきは現在と同じことであろう。世界で最も優れたスポーツ教育を受けたとしても、我々全員がすべてのスポーツあるいは一種類のスポーツであっても、トップに立てるとは思えない。けれども最高のスポーツ教育を与えなければ、将来のオリンピック選手や世界チャンピオンや世界レベルのチームスポーツの選手は途中で脱落してしまうだろう。人間の天性には教育が必要であり、異なった天性には異なった教育が必要なのである。

まとめると…

　そういうわけで、遺伝学研究の視点で見ると、スポーツ、なかでも学校スポーツは、世界レベルに達しない大多数の若者にとってどんな意味があるのだろう？　学校の普通の教科、数学とか文学とか科学とかと同じように、生徒が楽しむことができたらいいのだが、体育もそれ自体が教育の目的ではない。体育は意欲、競争、チームワーク、自信など、個人の特性を育むことができる。けれども、こういったことだけが教育の目的かどうかについては議論の余地がある。そもそも体育を教えるべきかどうかについては、政治家や一般社会が決めるべきだろう。

　もしも体育が教えられるべきものならば、遺伝学に注意を払った研究から、年少の子どもたちには標準的な体育プログラムが良い影響を与えることが示唆される。しかし年上の子どもたちには、もし彼らが同じような良い影響を受け続けるためには、多様なスポーツの選択肢が提供されなければならない。カギ

は遺伝子が活動し始める前の小学校時代をうまく使うことである。運動を好むようにしてやり、子どもたちに幅広い運動のオプションを示してやらなくてはならない。こうすると、彼らが中学生になったときに、どんな体育の授業を受けるかを十分な情報に基づいて決めることができる。ティーンエージャーがスポーツに加わることと喫煙には関連があるという最近の研究も興味深い。選択肢のあるカリキュラムであっても必須の運動種目を加えておくことは、16歳〜18歳の若者にとって有益だろう。

　この章では、我々の関わった運動の量と質を扱った研究を紹介した。運動は遺伝子の影響を受けるし、遺伝的影響は子どもの時期よりものちの方が強くなる。また我々は喫煙、肥満、健康、さらにトップレベルの運動選手の能力に及ぼす遺伝子の影響についても見た。共通環境は子どもたちが小さい頃は運動のレベルに強い影響があるが、その効果は高校の初めの頃には弱くなる。この時期以降は、遺伝子と非共通環境がきわめて重要な影響力を持っている。若者の運動能力に何らかの効果を及ぼすには、環境への介入は個別のものでなければならない。この本の第2部では、これらすべての遺伝学的理論を現実に応用して、体育は誰が、何を、なぜ、どこで、どのように行うかについての答えを出すことを試みたい。

6章　科学（理科） ── 違う思考法？

　ノーベル賞受賞科学者のリストを見ると、いやでも受賞者のほとんどが男性であることに気づく。科学分野のノーベル賞の受賞者のわずか2％が女性である。どうしてこんなことになるのだろうか？　男性の方が優れた科学者になるように作られているのだろうか？　社会が女の子や女性よりも、男の子と男性に科学における成功を収めやすい環境を提供しているのだろうか？　この2つの理論は、繰り返し語られてきた。

　さらに、このリストを見ると、男性が優勢であるというだけでなく、家族で受賞している人たちがずいぶん見られるのである。ニールス・ボーアと息子のオーゲは親子とも物理学者である。ウィリアム・ヘンリー・ブラッグとウィリアム・ローレンス・ブラッグもそうだし、マンネ・シーグバーンとカイ・シーグバーン、ハンス・フォン・オイラー＝ケルピンと息子のウルフ・フォン・オイラー、チャンドラセカール・ラマンと甥のスブラマニアン・チャンドラセカール、そして、アーサー・コーンバーグとロジャー・コーンバーグも親子だ。女性がノーベル賞受賞家族の代表という場合もある。有名なマリ・キュリー、夫のピエール、夫妻の娘のイレーヌ・ジョリオ＝キュリーである。何が彼らをストックホルムへの道に出発させたのだろうか？　どのような遺伝子と環境の組み合わせ、そしてその2者の相互作用が、この特筆すべき家族の中の類似性の背後に潜んでいるのだろうか？　もし、あなたが物理や化学や生物学の成績が良い場合、あなたの息子たちが同じように成績が良い可能性はどのくらいあるのだろう？　娘たちの場合はどうなのか？　もし、あなたの成績が悪い場合、性別とは関係なく、子どもたちの成績も悪い可能性はどうだろう？　子どもたちがあなたの生物学的な（血のつながりのある）子どもではなくて、養子だったら違うのだろうか？　あなたの遺伝子を受け継いでいない子どもたちにとって、あなたの持っている専門的な技術や知識は違いを作り出すことができるのだろうか？

　遺伝学的研究は、この疑問にある程度の答えを出すことができる。クレア・

ハワース博士はTEDS双子研究で得られたデータに基づいて、科学の達成度に対する遺伝的および環境的影響と、男女差について調べた。まず、遺伝と環境の影響に関して、科学は読み書きの能力や数学と同じような影響を受けるかということから検討を開始した。我々はすでに読み、書き、算数に及ぼす遺伝と環境の影響パターンは、この3者のあいだで互いに同じような傾向があることを見た。彼女はこうした知見から出発し、我々も次のように期待した。すなわち、科学の成績には遺伝的な影響も非共通環境の影響もある（ただし共通環境の影響はほとんどない）、たくさんの遺伝子と多様な環境の影響があるが、ただし、すべてはわずかな効果しかない（これは既述のQTL仮説である）、そして、科学の成績とほかの科目の成績とは、環境の及ぼす影響は異なるにしてもかなりの遺伝的重なり合いがある（前述の「何でも屋遺伝子」仮説）。我々は驚くこととなった。

　ハワース博士は科学の成績の遺伝性を調べるのに、双子が9歳のときの担任の教師の評価を用いて検討した（Haworth, Dale, and Plomin, 2008）。科学の成績は英語や数学とよく似たパターンをとった。遺伝子の影響が最も強く、非共通環境の方が共通環境の影響に勝っていた。しかし子どもたちが小学生から中学生になると、驚かされるパターンが出現した。12歳になるまでに科学の成績に及ぼす遺伝子の影響は次第に弱くなり、64％だったものが47％になってしまった（Haworth, Dale, and Plomin, 2009）。言い換えると、ある遺伝子は重要でなくなったり、効果が減ったり、あるいは環境の影響がより強くなったりしたのだ。どちらにしても、科学の遺伝性は読み書き計算よりもずっと弱くなったようだった。さらに驚いたことには、共通環境の影響がこの頃には事実上消えてしまうだろうと予想していたのだが、2倍になっていたのだ。そして共通環境は科学の成績のばらつきの3分の1を説明した。ハワースはさらに、14歳における科学の成績を調べて、このパターンはティーンエージャーになっても続くことを見出した（Haworth, Dale, and Plomin, 2010）。科学は高校生においては、英語や数学とは異なった動きをするようである。

　ハワースたちは、遺伝性パターンが変化する理由を調べた。この問題に対するアプローチの一つは、9歳と12歳における科学の成績の遺伝的な相関を調べることであった。要するに、この2つの年齢のときに科学の成績に全く同じ遺伝子群が影響しているとしたら、遺伝的相関は1.00となる。9歳のときに影響していた遺伝子群が12歳では全く影響していないとすれば、遺伝的相関は0.00である。例によって、遺伝子は連続性の、経験は変化の主な要因となるので、

強い遺伝的相関を我々は予測した。ところが、TEDS研究の双子たちにおける9歳と12歳時の科学の成績の遺伝的相関は0.50にすぎなかった。これは、小学校の科学で影響していた遺伝子の半数だけが12歳時の中学校科学でもなお重要であったということだ。さらにまた、12歳時の科学の成績に影響する遺伝子群は9歳時よりも影響力が弱いと言うことでもある。

そうすると、12歳時の科学と9歳時の科学は実際何が違うのだろう？ その違いは、12歳時に遺伝の関与が弱くなっていることを説明できるのだろうか？ 一つの可能性は、小学校で科学と称する学科は本当の科学ではないのではないかということである。小学校の科学は、しばしば事実の記載を読んだり、理解したり、記憶したりという、読み書きの作業である。科学的方法の肝心かなめな点は仮説を立てて、それを実験的に検証することであるが、小学校の科学はそういったことには依存しないし、含んでいないこともある。たとえ含んでいても、読み書き計算よりもわずかな時間しか割かれず、軽視されている。この意味で9歳の科学は、12歳の科学と質的に異なっているかもしれない。「本当の科学」よりも読み書きの学習により近いのである。このことが、9歳では読み書きと科学の2つの科目の成績に遺伝子が同じような影響力を及ぼすことを説明できるだろう。もし実験的な、実際に手を動かして学ぶ科学が小学生に普通に教えられていたなら、すでにその時点で遺伝性の影響力は低いこともありえる。けれども、これで一件落着というわけではない。なぜならTEDS双子研究では、遺伝性の影響力の低下は、まだ小学生である10歳の時点から始まっているからだ。

別の研究結果から、科学に対する熱烈な興味が小学校から思春期早期にかけて低下することが知られている（Osborne, Simon, and Collins, 2003; Jenkins and Nelson, 2005）。遺伝性との相関が驚くほど低いこととあいまって、このことは「科学」と呼ばれて、試験も行われるこの教科は、小学校では教えるべきではない可能性を示唆している。その場合も学校では、科学的な科目を何かのトピックを扱うなかで教えることができる。生徒がたとえば人体とか太陽系とかのトピックの勉強が面白くないにしても、ただちに科学全体がつまらなかったり、全く不得意になったりはしないだろう。

別の選択肢は、「自然」を科目として教えて、実験を行うよりも観察を行うという現実的な手段をとることである。そして、「科学」を実験室があって専門の教師のいる中学校に任せるのである。小学校の終わり頃に遺伝性の影響が少し低下するということは、「本当の科学」への動きを反映しているのかもし

れない（もっとも、なぜ「本当の科学」の遺伝性が低いかの理由を我々はまだ知らないのだが）。けれども科学に対する熱烈な興味の低下が始まるのが非常に早いことを考慮すると、科学を中学校で新しく学ぶ刺激的な領域として残しておくことが、それでもなお最善かもしれない。高校が始まるまでに子どもたちがうんざりしないようにしておくことができる領域の一つと言えるだろう。

　12歳時に遺伝の関与が弱くなっている理由を説明するもう一つの可能性は、中学校の科学教育が間違っていて、本来の子どもの才能を伸ばさずに、遺伝的な能力を抑制してしまっているということである。教師が科学的な能力をうまく引き出すことができれば、遺伝性はもっと高くなるだろう。基本的な構成要素が正しく整備されていないのではないか？　この仮説は可能性が低いように思われるが、我々のチームは今後検討する予定でいる。この可能性を調べる方法の一つは、英国よりももっと中学校の科学教育を重視している国において、遺伝性を考慮して科学の成績を検討することである。

　共通環境の影響の増加はどうなのだろう？　TEDS研究において共通環境の相関は0.78だった。これは9歳の科学の成績に影響を及ぼす環境はおおむね12歳でも影響することを意味するが、より年長になると、さらに環境の影響が大きくなる。この強い相関は、科学の成績には学校環境よりも家庭環境の方が重要だという可能性を残すことになる。小学校から中学校にかけての、この2つの対象年齢に共通な環境は家庭環境だから。

　科学の成績に及ぼす共通環境の影響を特定することは、教育研究者にとってまちわびることであるがまだ達成されそうにない。最近、ハワースは14歳の双子たちの科学の成績と科学を学習する環境（教室とクラスメート）との関係を検討した（Haworth et al., 2013）。そして先行研究と同様に、科学を学習する環境と科学の成績のあいだには0.20という弱い相関しか認めなかった。けれども、この研究の最も興味深い点は、科学を学ぶ教室についてであった。我々はすでに大部分の環境要因は、遺伝子－環境相互関係のために、何らかの遺伝的影響を受けていることを知っている。このことは個人に影響を及ぼす環境自身が、同じ個人の遺伝的傾向の影響を受けることを意味している。しかしながら、それでもなお、ハワースが報告した以下のことがらは驚きであった。遺伝子は科学を学ぶ教室における14歳の双子たちの経験の違いの43％に影響し、共通環境の影響はわずかに3％であった。非共通環境は、14歳の双子たちが科学を教えられる環境をどう主観的に受け取るかの違いの54％を説明した。言い換えれば、ティーンエージャーの子どもたちの教室の受け取り方は非常に主観的

であり、従来の客観的な教室環境の評価法や教育の質の評価法で測られていたよりも、彼ら自身の遺伝子と彼らの経験によってほとんど完全に影響されていたのである。

　さらに、科学の成績と科学を学習する環境の相関は小さなものでしかないが（0.20）、遺伝子による影響が56％で、共通環境の影響もある程度認められることがわかった（28％）。このことは、生まれつき科学が好きな子どもたちは科学の授業により積極的に参加するだろうし、家庭で科学の宿題をすることを奨励されると、他の子どもたちよりもさらに積極的になるだろうということを意味する。ここで問題は、科学の成績に影響するような、きょうだいと共有する経験とは、いったい何かということと、どうしてこのような非共通環境が9歳のときよりも12歳や14歳のときにより重要なのかということである。

　一つの可能性は、きょうだいと共通する環境の違いは9歳以後に大きくなるということである。科学の場合、この意味するところは、ある子どもたちは非常に優れた実験室と器具を備えた中学校に行くのに、別の子どもたちはそれほど充実していない学校に行くことであるかもしれない。また、ある子どもたちは一般科学の単位を取るような学校に行き、別の子どもたちはもっと挑戦的な、化学や生物や物理という個別の単位を取るような学校に行くということかもしれない。これらの要因が中学校に入学するまでは作用しないことを考えると、12歳や14歳では、これらはより影響力のある共通環境の後ろに隠れているのかもしれない。

　ハワースたちによって示されたほかの可能性は、科学の成績に関しては、遺伝子－環境相互関係が逆方向に作用するというものである。通常は遺伝子－環境相互関係は遺伝性の評価を増加させる。しかし、もし子どもたちがきわめて早い時期に科学に対する興味を失ってしまったら、自分たちの持っている遺伝的な能力に従って科学を豊かに学ぶチャンスを探すことを止めてしまうかもしれない。もし、すべての中学校が科学教育のための十分な資源を持っていて、生徒たちに同じように科学をじっくり教える時間を割くことができ、同等の設備を備えていて、同じ範囲の教科内容と単位を教えるのであれば、共通環境の影響は低下するだろう。その場合、遺伝性や非共通環境の影響が増加するかどうかは興味深い。

　すでに述べたように、家庭環境は重要な役割を果たす。生徒の教育において大きな変化が起きるときに共通環境の影響が大きいことから、学校環境よりも家庭環境の方がより一貫した環境として作用すると言えそうである。科学が話

題になったり、家族が物を修理したり、田舎道を散歩するときに見る植物や動物の話をしたり、実験をしたり、台所や車庫や物置で科学的な探求の一環で模型を作ったりする家庭では、子どもたちは学校で得られる科学を学ぶ機会よりも多くを学ぶのではなかろうか。これは受動型の遺伝子－環境相互関係を表しているだろう。科学に関心を持つ親は、科学を学ぶことを刺激するような環境を、科学に興味を持つ子どもたちに伝える。たとえばコーヒーテーブルの上に科学雑誌のネイチャーを載っけていたり、子どもたちに古い車をいじり回すことを許したり、ときどきは教育用の化学や電気のキットを取り出して子どもたちと一緒に遊んだりするようなことである。また喚起型遺伝子－環境相互関係も考えられる。子どもが海岸の潮だまりで興奮すると、親も子どもと一緒に長い時間を過ごす。そして家に帰って、海岸や海の生物についての本を見つける。そして、いろんな道具を持って、もっと詳しく海辺の生物について調べる次回の遠足を計画する。あるいは、これは能動的遺伝子－環境相互関係かもしれない。科学に興味を持つ子どもたちはクリスマスプレゼントに科学教育のキットや金属探知機を欲しがるかもしれないし、誕生日のプレゼントに科学博物館に行くことや、家で実験をしてみたいと思うかもしれない。科学は他の教科以上に家庭環境の評価が大きく違う教科である。この領域のさらなる研究は、興味深い結果をもたらしてくれるだろう。

　我々が知るところによれば、科学をうまく教えるための時間も資源も得られる中学生になるまで、科学を学科として学ぶことを遅らせることのメリットを考えて見るべきだ、ということである。理想的な世界であれば科学教育のための資源がすべての学校に均等に与えられていて、下町の学校にいる科学に興味を持つ子どもが得る経験も、名門校の生徒と同じように豊かなものであろう。我々はまた、小学校では「科学」という名前をつけないで、その時々の話題を使って科学的な題材に子どもたちの関心を向かわせることを提案したい。どうして子どもたちの科学に対する意欲が急激に失われるのかについてのさらなる研究は、適切な話題を選ぶための有用な予測因子になるだろう。我々はTEDS研究によって、9歳のときでも男の子の方が女の子より科学に対して少しだけ余計に関心を示すことを知っている。したがって女の子にこういった科学的な題材への関心を持たせるには、特別な配慮が必要であろう。

科学の性差

　このことは、我々を科学の成績の男女差の問題に引き戻す。科学のキャリアを選ぶ男性よりも女性の方が少ないことはよく知られている。当然、科学のトップの仕事をする女性は男性よりも少ない。米国とヨーロッパの科学技術研究者のわずかに4分の1が女性である。数学や技術のような「ハード」サイエンス領域で働く女性の割合は明らかにそれより少ない。けれども、いったいいつ、この違いの種がまかれるのだろう？

　我々の研究対象の双子たちの科学の成績を検討することによってハワースは、14歳で教科を選択する以前の生徒たちについて、遺伝子が一方の性により強く影響するかどうかを明らかにしたいと考えた。実際に彼女が見出したことは、女の子は男の子と同等の科学に関する能力を持っていることと、女の子も同じ遺伝子と同じ環境の影響を同等に受けるということだった。科学についてはアメリカの全米報告票（Nation's Report Card）〔訳注：米国政府によって行われる全米の生徒の数学、読解力、科学、作文力の検定結果報告書で、教育の向上を目的に行われる。教師・親・政策立案者・研究者などが広く利用できる〕と、世界における国際学習到達度調査（PISA study）〔訳注：経済協力開発機構（OECD）加盟国が実施する15歳の生徒を対象に、読解力、数学知識、科学知識を調べる調査〕の成績はおおよそ同等の結果であった。9歳あるいは12歳では、女の子と男の子は科学に対する才能と成績が違うようには造られてはいない。もし男女の科学におけるキャリアに違いがあるとしても（この点についてスティーブン・ピンカーは「漏れやすいパイプライン」と呼んだが）、9歳や12歳では能力に及ぼす遺伝子の影響や環境の違いの結果とは考えにくい。もし女性が遺伝子や社会的な理由で科学を追究したり、科学のキャリアで成功することがないとしたら、そういったことが起こるのは思春期や大人になってからに相違ない。遺伝的な効果が安定していると考えると、社会的な理由を調べる方が理にかなっている。

　科学に対する意欲の低下は男の子より女の子の方が大きいということからは、科学者の数の男女差は能力の違いというよりも授業の選択の違いを反映しているのかもしれない。意欲は、科目の選択について学年を超えて影響することが知られている。言い換えると、生徒たちは成績の良い教科よりも面白い教科の方を選ぶのである。

　一部の発達心理学者は優れた科学のキャリアを持つ女性が少ないのは、そも

そもそんなキャリアを求めたい人が少ないからにすぎないと言う。たとえば最近の研究によれば、数学と科学が優秀な人は（そしてさらに言語能力にも優れた人は）、科学や技術や工学や数学といったキャリアを選択することが少ないという結果が報告されている（Wang, Eccles, and Kenny, 2013）。同じ研究では、数学と科学の力量を持った女性の方が男性より多いとも指摘されている。平均的には女性は物体や抽象的な概念について仕事するよりも人を相手にする仕事を好むだけではないかという議論がある。米国では数学の能力がトップ1％に入る人の場合でも、数学や技術や「ハード」サイエンスを選択するのは男性8人に対して女性は1人だけである。他の7人は医学や生物学や法律や人文科学を選択する。典型的な、人を相手にする、そして人を助ける仕事である。もし女性が科学についてのすごい能力を持っていたとしても、科学者になることを選択しないというのは、他のチャンスの方が魅力的に思われるからで、これを社会のせいにしたり、性差別だとレッテルを貼るのは不合理である。この場合、科学の領域の指導的な仕事に関わる女性の割合が半分を占めていないのはけしからぬことではない。問題は、科学がよくできる女性が指導的な立場を求めても拒絶されるような場合である（歴史的にはそうであったが、おそらく現在はそうではない）。あるいはまた、世界のどこででも、学校で女の子が男の子と同じように科学を学んだり、望む限り勉強する機会を与えられない場合も問題である。

　次のことも定期的にメディアで論じられることである。男性と女性で平均的な科学の能力は同じだが、ばらつき（ベル型カーブの最も優秀な部分と最も劣る部分の違い）は女性よりも男性の方が大きい。これが実際に意味することは、科学が全くできない子どもは女の子よりも男の子が多いし、科学の天才児も女の子より男の子に多いだろうということだ。たとえば米国のティーンエージャーの男の子と女の子の数学の平均はきわめて似かよっているが、最も優秀な子どもは男の子の方が女の子の13倍もいる。ハワースは科学の能力のばらつきが男の子の方が女の子より大きいかをTEDS研究のデータを用いて調べたが、結果は実際そのとおりであった（すべての認知能力についても同様であった）。9歳、12歳、14歳のときの男の子と女の子の科学の成績の平均はほぼ同じである。けれども、優秀な子どもと劣る子どものどちらも男の子の方が少しだけ多い。優秀な生徒が科学をキャリアとして選択することを考えると、なぜ科学を仕事とする男性が女性より多いかの一部を説明しているのだろう。

まとめると…

　行動遺伝学は、男の子も女の子も同じ科学の能力を持つことを明らかにした。この遺伝的な能力と科学を学習する環境との相互作用は、英語や数学の場合とは異なっているように思われる。なぜそうであるのかが正確にわかれば、科学をどのように教えるかについて重要な示唆が得られるだろう。目下のところ、科学教育を子どもの発達と遺伝学とを考慮したやり方で最適のものにする仮説を提出するだけの十分なデータが得られている。このことについては、第2部でさらに論じよう。

7章　IQと意欲はどうやったらうまく一致するか？

　ここまで、学校の成績に遺伝子と環境がどう影響するかについて論じてきた。その過程で、遺伝子は何でも屋で、環境は専門家という重要な発見について述べた。やがて我々はIQスコアの違いを説明する遺伝子を見つけるだろうが、それらの遺伝子が学業成績に関連していることはすでに明らかだ。このことは長年にわたって知られていたことと一致する。それはIQは、学業、職業、社会的地位、結婚、収入、さらには寿命といったあらゆる種類の成功を確実に予測するということである（IQが高い人は長生きすることもわかっている）(Sternberg, Grigorenko and Bundy, 2001; Gottfredson and Deary, 2004)。IQは現在のところ、将来の成功を予測する最善の単独の予測因子であると言って言いすぎではない。IQは静的ではなく時間とともに変わりはするが、早期の能力のレベルは将来の学業での成功のかなり強力な予測因子である。IQスコアは有用で適切な統計値であるという事実と、IQは環境の変化によって改善できるという事実を考え合わせるならば、個別化した学習プログラムあるいは遺伝性を考慮に入れた教育を行う学校において、IQテストを行うことには意味がある。けれどもDNAの場合と同様に、世間の人はIQスコアを信用しないか、または教育に有用な資料というより差別の原因だとして心配する。これは、IQテストの結果がしばしば誤って解釈されているからである。

　たとえば、ある学校ではIQテストを非常に早期に行っている。しかしIQは発達とともに変化するし、IQは教えることが可能だということを考慮していないのである。IQテストは米国では広い範囲で行われていて、多くの学校では、公立も私立もだが、4歳のときに知能の高い子どもを見つける試みを行っている。たとえばハンター大学附属小学校は、ニューヨーク市の最も競争率の高い、有名な公的資金を受けた学校で、「知能の高い」子どもたちを教育するところである。競争率はおよそ40倍で、勇敢な親たちは子どもが外部のIQテストを受けるために数100ドルを支払うのである。子どものスコアが十分良かった場合は（同年齢のトップ2％以内）、子どもは入学試験の第2ステージに進むことが

できる。ここではグループ内での挙動を評価される。50人の合格者（男子25人、女子25人）だけが毎年入学できる。そしてやがて、ハンター大学附属高校に進学できる。

　2002年から少なくとも25％のハンター高校卒業生がアイビー・リーグの大学〔訳注：米国東海岸の名門私立大学群。8校から成る〕に進学した。テストで優を取りハンター小学校に入学すれば、後の人生で成功する可能性がかなり高い。子どもにそうなってほしいと願わない親はいないだろう。一方では結果は、こういうやり方を支持している。25％の子どもたちが名門校に入学して良い成績を収めるのであれば、IQによる選別は有効であると言える。他方では、もしこの子どもたちが本当に全米で最優秀の2％に入るのならば、そしてその後も豊かで成長を促すような環境で教育を受けるのであれば、いったいなぜ、わずか25％しかアイビー・リーグの大学に進学できないのだろうか？　たとえ偶然とか人為的なミスがあったとしても、統計値は100％にもっと近づかないのだろうか？

　ハンター大学附属小学校のような学校が犯した過ちは、IQテストを使うことではなく（IQテストそのものは良いものである）、結果について誤った仮定をしていることである。4歳の「知能の高い」子どもたちを見つけるのにIQテストを使うことができることには何の疑いもない。しかしIQは静的なものではなく、大部分の子どもたちのスコアは彼らが成長するにつれ、そして異なる環境を経験するにつれて変化する。ある子どもは改善し、別の子どものスコアは低下する。けれどもハンター大学附属小学校やそのほかのニューヨークの公立・私立の有名校では、子どもがひとたび知能が高いと認められると、その後の成績にかかわらず、ずっと知能の高い子というラベルを貼られたままなのである。1回きりのスコアで決まることが問題である。4歳のときに成功しなかった子どもには二度とチャンスは与えられない。結果として、知能の高い子どもたちのクラスは期待されるような結果を達成できないのに、「普通」の学校の「普通」のクラスの子どもたちがかなりしばしば、「知能の高い」子どもたちより優れた結果を出してしまう。このことは、遺伝的にきちんと説明することができる。

　遺伝子は平均すると、人間のあいだの認知能力の違いのおよそ半分を説明することができる。残りの半分は養育で説明できる。けれどもこれは平均すればの話であって、もっと精密な検討が必要である。平均というのは個人についてはほとんど情報をもたらさない。IQはとりわけ、このことの良い例である。

我々はかなり以前から、IQの遺伝性は時間とともに明らかに変化するということを知っている（たとえば Haworth et al., 2009）。ここでIQを含む、もう少し広い概念を、参照する研究に合わせて「一般認知能力（g）」と呼ぶことにしたい。世界中の科学者によって認められたことは、学校に行く以前は、子どもの一般認知能力はたいして遺伝的ではないことである。実際、遺伝子は学校に行く前の子どもの一般認知能力の20～30％を説明するにすぎない。この時期、もっと影響力の大きいのは同じ家庭の中で育つきょうだいと共有される環境である。これが、この時期の子どもの一般認知能力の違いの60％を説明する。子どもたちは読み聞かせをしてもらったり、おしゃべりしたり、発達時期に応じたおもちゃの遊び方を教えてもらったりすることで、そういうことをしてもらわなかった子どもたちよりもずっと豊かな情報と適切な刺激を与えられている。したがって、ハンター大学や同じような学校が測定しているものの大部分は、早期家庭教育環境と、おそらくは家庭教師システムの効果であって、遺伝的能力を測定しているわけではない。家庭の学習環境の影響は子どもが成長するにつれて弱くなり、遺伝が前面に出てくるが、この事実は、4歳のとき、「才能に恵まれている」と思われていた子どもが、ティーンエージャーになると必ずしもそうは見えないのがなぜかをかなり説明している。IQテストは学校で定期的に行われるべきだし、子どもの進歩の情報を得て、進歩をサポートすることに使われるべきである。4歳時の1回だけのテストでは、5歳になったらもう役に立たないだろう。さらに、IQは達成と同じ意味ではなく、達成の予測因子の一つにすぎないのだ。

　IQ、とくに高いレベルのIQを考慮するときには、すぐ「メンサ」が思い起こされるだろう。IQテストのスコアが非常に高い人の組織である〔訳注：MENSA。人口の上位2％のIQを有する者の交流を主目的とした非営利の国際組織。「テーブル」を意味するラテン語 Mensa が語源〕。「メンサ」自体は、認知能力が高い「メンサ」会員のことを次のように書いている。

　　　会員の学歴は未就学者から、高校でのドロップアウト、複数の博士号を持つ人までさまざまである。生活保護を受けている人も大金持ちもいる。職業も多彩である。教授もトラック運転手も、科学者も消防士も、コンピュータのプログラマーも農民も、芸術家も、軍人も、音楽家も、肉体労働者も、警察官も、ガラス吹き工もいる —— 職業リストが延々と続く。

このことからも、日常の経験からも、世界中で行われている信頼できる研究からも明らかなように、IQと成績とは同じものではない。実際、IQと成績のあいだのギャップを理解することによって、一人一人の子どもの教育の個別化の非常に有用な出発点とすることができる。子どもたちがIQよりもはるかに優れた成績をあげたとしたら、どうやってそういう結果を出せたのだろう？ IQに比べて成績が悪かったら、どうしてそうなったのだろう？ このようなやり方を行えば子どもの能力をしっかり理解することができ、IQと成績を別々に見るよりも、認知や個人の違いを理解した教育が可能になる。IQスコアと成績を同じと思うことは、自動車レースでドライバーの経験や技術を考慮しないで、大きくて最も高性能のエンジンを載せた自動車を運転する者が常に優勝すると考えることに似ている。この考え方では、そもそも自動車レースをする意味がない。賞金は設計者やメカニックに与えられるべきで、ドライバーにではないということになる。

　IQと成績の関係は、自動車のデザインと自動車レースの成績の関係と同じである。両者は密接に関連している。世界最高のドライバーでも、フィアットのパンダでモナコ・グランプリに優勝するのは難しいだろう（パンダが徹底的に手を加えられ強化されて、魔法の粉をかけられているのでない限り）〔訳注：パンダはイタリアのフィアットが製造・販売する排気量900ccの小型車〕。けれども同様に、世界で一番パワフルで最新式のエンジンを積み、最も美しい、人間工学にかなったレーシングカーが造られたとしても、大半の人にとって、それは完全にムダである。我々はその車を速く巧妙に駆って最高レベルのレースに勝つだけの、性格も技術も訓練も実践も本能も備えていないだろうから。生まれと育ちが共存関係にあるように、IQと成績も共存関係にある。もしIQと成績が同じものなら、お互いにもう一方を完全に予測することができる。相関係数は1.00であり、完全な相関である。実際には、2者の相関はむしろ0.50に近い。IQと成績の関連の程度は年齢によって、また、子どもの発達段階によって異なるだろう。学校の成績はIQとはそれほど関連しない。IQは学習にとってのエンジンに近いものだとしても、学業成績向上のためには、出力以外に多くのことがあるのである。

　米国の「ヘッドスタート（Head Start）」〔訳注：米国保健福祉省が行っている、米国全土の低所得者層の子どもを対象とした、就学前にアルファベットが読め、10までの数が数えられるようにするプログラム〕と英国の「シュアスタート（Sure Start）」〔訳注：英国政府の行う、子どもが人生の良いスタートをできるように、養

育の改善、早期教育、健康や家族の支援とともにコミュニティの発達も図るプロジェクト〕という早期教育プログラムは、就学前の子どもたちには積極的な共通環境がIQに良い影響を与えるという事実に基づいて立ち上げられた。このような、ポンプに呼び水を差すような刺激策は、この時期にはうまく働く。指導によって、4歳で優秀児クラスに自分の子どもを入学させたいと思ったら、呼び水刺激策は非常に効果がある。たとえ子どもたちの成績がその後伸び悩んだとしても、残りの学校生活に大いにメリットがあるだろう。社会的に恵まれていない子どもたちに、最上の人生のスタートを与えることが最善の方法かどうかは難しい問題だし、まだ、意見の一致を見ていない。「ヘッドスタート」と「シュアスタート」は未就学児に本物の、具体的な利益をもたらした。未就学児の期間の認知能力の点数が向上したのである。しかし、この効果は学校が始まるとなくなってしまったように思われる。このひどく残念だが広く知られている結果は、一般認知能力の遺伝性は変化することから部分的に説明できるだろう。

　子どもたちには幼い時期にはIQ押し上げ策が有効である。しかしこの効果は続かない。けれども、このような一時的な効果のほかに、副産物としてもっと長続きする作用があるという議論も可能であろう。幼い時期は積極的な共通環境効果が一時的に遺伝効果に勝る発達の窓とも言うべき期間である。この時期に幼い子どもたちは、学校や勉強をばかにするようになったり、遺伝子が影響するようになる前に、「勉強虫」をつかまえ、小さな成功体験を育むことができる。早期教育プログラムは意欲を引き出し、教育に対する家族の態度を前向きにして、その結果、子どもの学校体験をより充実させ、子どもの素質を十分に発揮させるというのが我々の仮説である。長期間にわたる経過観察研究は次のようなことを明らかにするだろう。早期教育は長期にわたるIQの改善や学業成績の向上ではなく、失敗に対して傷つきやすい子どもたちが成長して有益な幸福な人生を生きる大人になるように、そして人生を浪費することなく、社会と経済とに貢献できるようになる手助けをするだろう。このことについては、ある指導的な経済学者の研究をもとに10章でさらに論じよう。我々の研究はなぜ「シュアスタート」と「ヘッドスタート」による能力の客観的な成績向上が長続きしないのかを説明できるのだが、他の、子どもたちや社会全体が利益を得ることが可能な具体的方法を提案することなしに、これらのプログラムの中止を助言する気にはなれない。これらのプログラムは子どもたちと家族に対する社会的な支援であり、楽しみや学習の機会を提供している。

けれども子どもたちが小学校に入学したら、その後はどうなるのだろう？ この時期から共通環境の影響が減るならば、学校はどのような役割を果たすのだろうか？ 小さな規模だが、TEDS研究ではこの問題に取り組んでいる。認知能力とは別に、どんな達成があれば、学校の仕事はうまく行っていると言うことができ、また生徒にどれだけの価値を加えることができるのだろうか (Haworth et al., 2011)。TEDSの双子たちが12歳になったときに、我々は能力、成績を含むさまざまな評価を行った。そして、学業成績への認知能力の影響を統計的に補正した。もう一つ、学業成績の一部をIQで補正せずに検討した。計算式からIQを除外すると、はたして学校にいる普通の子どもたちについて、学校がどんな違いをもたらすのか、より明らかにできるだろうか。

一つの可能性は、IQで補正した成績は学校の質を純粋に示すだろうということだ。学校はどの程度、子どもの「値打ちを高める」のだろうか。そのためにはもちろん、成績に関する遺伝の影響のすべてが「一般認知能力の遺伝性」に含まれていなければならないが、そんなことはありえない。実際のところ、成績を「一般認知能力の遺伝性」で補正したところで、補正前に比べて遺伝性がわずかに低下する程度である。遺伝子はなおも子どもたちの成績の違いの40％を説明しているし、これらの遺伝子は「一般認知能力の遺伝性」に影響する遺伝子とは別のものである。「一般認知能力の遺伝性」を補正した学校の成績は、予想に反して補正前に比べて共通環境の影響が少なくなった。これは一般認知能力を補正した成績が学校の有効性を示す目安となるのではないかとか、学校そのものが効果的な共通環境として働くのではないかという期待を打ち砕く結果だった。実際、一般認知能力で補正すると、12歳のTEDS研究の双子たちの到達度テストの成績の違いの50％以上は非共通環境によって説明された。非共通環境の影響の方が明らかに大きいのだ。9章で、学校でどのような非共通環境の影響が見られるのかを探った我々の研究について論じよう。非共通環境の候補として考えられるのは、仲間や先生との関係、クラスが楽しいかどうか、また、学校一般の可能性といったことである。このような研究がより良い違いを生み出す学校生活の側面を明らかにし、良い影響を最大にできるような、実際的な介入法を計画できることを我々は願っている。

IQ＋遺伝学＝論争（そして中傷）

　この章で証明することは、とくに、子どもがティーンエージャーから大人になる時期に、認知能力は明らかな遺伝的影響下にあるという事実である。ここに、遺伝学者と教育学者のあいだにある主な亀裂の一つが存在する。認知能力は明らかな遺伝的影響下にあるという事実が、大きな論争の源である。事情に詳しい評論家であっても、IQの違いが、よくできない子どもたちに対する差別を誘導する可能性のある生物学的基盤だと認めることには躊躇する。だが赤ちゃんは生まれたときから違う性格を持っていて、子どもによっては他の子よりも恥ずかしがり屋だったり、大胆だったり、真面目だったり、社交的だったりすることを誰が否定できるだろうか？　2人の子どもを連れてきたら、最初から違いに気づくのではないだろうか。

　遺伝的影響という考え方は、それ自体が好ましくないわけではない。それが我々の社会で感情的な反応をもたらす特質と結びつけられ、差別の理由となるときに問題となるのである。したがって、知能や人種や犯罪や性的関心と関連した遺伝的な所見が（たいていは間違っているのだが）メディアで大量に報道される。線引きがされ、感情的な議論が高まる。誤って伝えられると、能力についての遺伝的影響という事実は、理性的な政治的、道徳的な議論を脅かすように見える。遺伝的影響はあまりにもしばしば遺伝的決定論だと誤って受け取られる。そこにはIQの低い人たちに対するナチスの浄化政策と、スペクトルの反対側にいる人たちの育種計画という狂気が存在する。このような歴史の恐怖は科学の故意の歪曲に基づいており、遺伝学一般についての世間の不信を拡大することにつながった。

　真実はと言えば、遺伝子によって決定されるものはほとんどなく、環境の力が巨大なのだ。それを証明する良い方法は、皮肉なことに、遺伝決定論者によるさまざまな計画の一つに注目してみることだ。問題のプログラムはノーベル賞受賞者の精子バンクである。精子バンクは30年ほど前にサンディエゴで設立され、「遺伝的選択貯蔵庫」という素っ気ない名前がつけられたが、その後、「天才バンク」のニックネームがつけられた。創立者のロバート・クラーク・グラハムは強化ガラス眼鏡レンズの発明者だが、彼は、「退化した人間」が子どもをたくさん産み育てると信じている。これを阻止する唯一の方法は、最も優れた知性を育てるプログラムを作ることだという。彼はごく少数のノー

ベル賞受賞者の精子サンプルを集めることから始めた。このことは不幸な出発点であることが明らかになった。精子提供者が賢くても、高齢者の精子は授精にとっては理想的ではないのだ。そこでグラハムは基準を低くした。成功した、健康な「メンサ」の会員を対象にしたのである。自分自身が「メンサ」の会員である既婚の女性が精子サンプルを請求することができる。その後、この方法は優れた遺伝子を見つける妥当な方法であるというたくさんの報告がなされた。それでは、なぜこれが誤っているのだろう？ それは、このやり方が2つの誤った仮定に基づいているからだ。第一はIQと成績は同じものであるという仮定である。第二は、IQと成績は完全に遺伝的で、ちょうどメンデルのエンドウ豆のように育つという仮定である。この章全体で論じてきたように、環境はIQに影響し、IQ単独で成績を予測することはできない。良くも悪くも我々は、もっと複雑な生物である。メンデルのエンドウ豆よりも複雑な行動を行う。グラハムの考えは高いIQを持つ人々だけにしてスーパーベビーのグループを作ることだった。この点でプロジェクトは失敗した。高いIQの母親の卵子と、成功した、健康な、高いIQを持った父親からの精子であったにもかかわらず、プログラムから生まれた217人の赤ちゃんの能力は広い範囲に散らばっていて、子ども、そして若者になるにつれて、能力と成績のばらつきはさらに大きくなった。IQは完全に遺伝的というわけではなく、いずれにしても、達成という物語の一部分であるにすぎないのである。けれどもIQは強力な予測因子であり、賢く用いれば、教師が子どもたちの能力を十分に引き出す助けとなる。

　ここで科学としての遺伝学は教育システムの脅威ではないことを繰り返しておくことが適切だろう。学習能力やIQのような複雑な特質を規定する遺伝子群は全然決定的ではない。知能や成績に対する我々の能力は配線済みなのではなく、我々の持つユニークな遺伝暗号と経験に大きく影響を受けるのである。子どもにおける遺伝性の理解は、やっと緒についたばかりであるが、子どもの潜在能力を発揮するために押すべきボタンはどれか決めるのに役立つにすぎない。さらに、分子レベルでも、遺伝子は予測的には振る舞わない。遺伝子のスイッチは入ったり切れたりしているし、その機能や効果は環境の影響で変化する。このことも、我々の能力と行動は運命づけられているという考え方の根底を揺るがす。繰り返し言おう。遺伝子は決定論的ではない。我々は前進して、行動遺伝学の説得力ある、たくさんの事実を教育に適用しなければならない。

　通常のIQテストは学校に入学してから卒業するまでの子どもの教育を見

守って、重要な筋道をつけることができる。さらに目標が達成できない子どもたちを見分けて、目標を目指すことを助けてやることができる。また我々は、優秀な結果を達成する方策についても学ぶことができる。

自信と意欲

　この章で何度か述べたように、IQは学業達成の予測因子の一つにすぎない。強力な予測因子ではあるが、他にもある。遺伝学者が関与するまでに一連の証拠はすでに集められていた。あなたが何かについて上手であると自分自身を信じるほど（自己認識した能力）、実際にあなたがその何かについて上手だと予測できる。もし、ちっちゃなジョニーがぼくはすっごく本を読めると思っているなら（彼が『キャットインザハット』という絵本の題を発音できてもできなくても）、彼はすごい読書家になるチャンスを自分で広げている。我々は最近、TEDS研究の双子たちの、一般中等教育修了証〔訳注：General Certificate of Secondary Education, GCSE、イングランドとウェールズの中学生を対象にして行われる試験の合格証明書〕における数学の成績の予測因子に同じパターンを見つけている。「やったね！」と子どもを褒めたり、自己を高く評価することが西欧でとみに目立つようになってきたのには、こういう背景がある。今はこのような文化に対して揺り戻しが起こっていて、実際、かなりの数の研究が行われており、スタンフォード大学のキャロル・ドゥエック教授が先頭に立っているのだが、それによれば、子どもたちを褒めすぎたり、間違った褒め方をすると、期待に反した結果になるというのだ。ドゥエック教授の言う実証的「思考態度」の哲学の無視できない力については、第2部で論じよう。

　心理学者のあいだにおける現在のほぼ一致した意見は、親と教師は能力ではなく努力を褒めるべきであるということだ。言い換えると、うまくやっている子どもたちを褒めるときには、「すごいね。君はとっても利口だね！」と言うよりも、「すごいね。頑張ったから報われたんだね！」と言うべきである。あらゆる年齢の子どもたちについての研究によると（乳児でさえも）、頑張ったことよりも能力の方を褒められると、失敗を恐れるようになり、リスクをとることに神経質になり、その結果、子どもたちの進歩を阻害することになる。能力を褒めることは実際、子どもたちの自信を失わせ、成功しにくくしてしまう (Blackwell, Trzesniewski, and Dweck, 2007; Gunderson et al., 2013)。それでも自己認識能力と成績のあいだには相関があることが、TEDSを含んだ多数の研究で

認められている。それでは、子どもの自信の背後には、そもそも何があるのだろう？

かつて1977年に心理学者のアルバート・バンデューラは次のような仮説を提唱した。我々の行動は自分自身がどれくらいできるか信じている程度と、達成したい目標を頑張れば達成できそうだとどのくらい信じているかに強く影響される。彼はこれを自己効力信念と呼び、これが我々の選択や、目標目指してどれくらい努力するか、困難に直面したときどのくらい頑張れるかに影響すると主張した。さてバンデューラの複雑な理論よりずっと簡単な仮説がある。自分の能力についての子どもの信念は養育の結果であり、もし我々が子どもにしょっちゅう、君はすごいんだと言い続けていると、子どもはそれを信じるようになり、その成果もあがるという仮説である。これは、親は子どものあり方を作り出すのであり、親の遺伝子を受け渡すのではなく、子育てのしかたによるという広く受け入れられている社会の見方である。あの「白紙」説である。もちろん親としての子育ては重要である。そして我が子に良くしてやり、どのように振る舞えばよいかを教え、人生で成功するためにできることをしてあげることには、100万もの理由がある。けれども研究者たちは、常に、至るところで遺伝性の証拠を見つけている。その結果、子どもの発達についての我々の考え方を変えざるを得ない。親はあらゆる点できわめて重要である。けれどもこれまで信じていたように、我々には子どもが誰になるかを作り上げるような力があるわけではない。

我々と共同研究をしているコリーナ・グレブン博士をはじめとする遺伝学者たちは、自信は養育によって育つという仮説を検討して、なぜむやみに褒めることは効果がないかを説明する意外な結果を得た。まず、グレブン博士は、一般認知能力が単一では学業成績の最も良い行動予測因子であるが、自信もまた強い影響力を持っており、自信の影響力は成績に関して一般認知能力を補正しても残るという先行研究を確認する結果を得た。

驚くべきことに、9歳時点でのTEDS研究の双子たちの自己認識された学業能力の違いの51％が遺伝子で説明できた。自己認識された能力についての遺伝性は少なくともIQと同じほど、また、成績とほとんど同じほどであった。これは、ただ子どもを褒めまくったからではない。自信の遺伝子はIQ遺伝子とともに、それぞれ独立に、学業成績に影響するようである。そこで、同じように聡明で成績の良い人々のなかでも、さらなる高みに登るのは自信のある人々だ、と信じる研究者も出てきた。事実、科学者たちは特定の遺伝子を探す

べき、人間のさまざまな行動特性の長い項目に自信も加えている。自信は褒めたり励ましたりすることで簡単に変わるような心の揺らぎではなく、もっと人の性格に近いところにあると考えられ始めている。願わくは自信についての遺伝的な基礎が明らかにされて、心理学者や教育者が子どもたち一人一人の自分を信じる気持ちを高め、その結果、学業達成を向上させる介入の手助けになればと思う。強い自信を持つという遺伝傾向のある子どもたちと、その反対側にいるような子どもたちでは異なった介入が必要であろう。IQは遺伝的な基礎があるが、それでも自然のままよりも良いIQスコアが出せるように教育できるのと同様に、自信の場合も同じことが言える。自分自身に、あるいは自分の能力に疑いを持っているような人には、それぞれのハードルを越えることができるような自信のトレーニングが可能である。これはまさに、学校の経験が役に立つことである。実際にどうやるのか、第2部で探ろう。

クラスで自信と認知を改善する

それでは、能力、自信、遺伝子と教育についてどう結論することができるだろうか？ そして、その結論は、教師や親や教育政策担当者をどう変えることができるだろうか？ 要約すると、IQは成績についての有用ではあるが完璧な予測因子ではない。子どもたちが小さいうちは遺伝的な影響は強くない。けれども学校に行くようになり、大人になると遺伝的影響が強くなる。学業成績も遺伝子の影響を受け、IQの影響を除外したときも同じである。自信も成績に影響するが、IQほどではない。それでも影響は明らかにある。世間に思われているのとは違って、自信は養育によってと同程度、遺伝子の影響を受ける。したがって、学校で優秀な、聡明かつ自信のある子どもには遺伝的、また環境的な理由がある。

これまでの研究で、学校教育の効果は同じ家庭内の子どもたちにも共有されない側面であることが示されてきた。それは個人による、個別化された経験だからである。生徒たちが個人として経験する学校環境を認識することは（個別の経験の違いが行動の違いを育むのだが）、我々のチームの優先事項である。我々は現在、TEDS研究の一卵性双生児たちで互いに極端に違う子どもたちについて詳細なインタビューを行いつつある。目的は実際に違いを生み出す教育環境のさまざまな側面を見つけることである。研究に時間がかかってはいるが、このようなユニークな、独自の経験が違いを生み出すという知見はそれ自体受け

止めるに値するし、教師が一人一人の生徒の教育の道筋を考える上で、クラスや学校全体での学習経験に加えて、効果的に注目して役立てることができる。さらに研究が示唆することは、個人化された学習の目標は、読み、書き、算数、スポーツ、科学という基礎的科目の達成だけでなく、認識能力や自信にも効果的に向けられるであろうということである。

　教師たちはIQスコアを他のすべてのもの以上の純粋な知力のマーカーだとする考えには抵抗しなければならない。すでにほとんどの教師はそうしているように思われる。教師たちは次のことにも注意しなくてはならない。IQスコアは指導によって高くなるし、一部の親たちは自分たちの子どもにそのような指導を受けさせているので、IQスコアは必ずしも平等な競争で得られた結果ではない。このことはとりわけ、私立校や名門校の入試の場合に言える。IQスコアは能力の直接のマーカーではない。異なった年齢では異なった程度を示す、生まれつきの能力を表している。けれども子どものIQと達成された結果のあいだのギャップは、それぞれの子どもに必要な最も適切なボタンを確認するのに有用だろう。

　IQスコアが安定して遺伝の影響が前面に出るくらいの年齢になったら、IQスコアは「天与」であるが、それを使いこなす（備えられた大型の高性能エンジンで一流のレースで勝利する）ことが「才能」だと考えることがよさそうだ。このような見方をすれば、才能が重要なことは間違いない。科学的な視点からは、このことはIQとの関連で、IQの予測する以上の成績をあげたり、逆に予測以下の成績だったりする場合についての行動遺伝学的研究の重要性を示している。我々がもし、ある子どもは才能以下の成績なのに、別の子は才能以上の成績を上げることができるのはなぜか、遺伝的、また、環境的な理由を理解できたら、一人一人の子どもに別々にあつらえた支援のしかたができるようになるだろう。ちょうど、植物を植えたときに、植物が持っている能力を完全に発揮させて育つのを助けるように。

　それから、4歳時点での1回きりのIQテストの結果で、子どもたちに特別な教育を行う教育機関はどうなのだろう？　簡単に言えば、そんなことはしない方がいい。時間と資源と才能のムダ使いにすぎない。4歳のIQの最高点をとった子どもが、7歳や10歳になっても最高点をとるとは限らない。子どもが大きくなるまで待つか、またはもっと定期的で多面的なIQテストをするべきだ。そうすれば、より的確に選ばれた子どもたちを効率よく教育できるし、したがって子どもたちの達成度も高まるだろう。他の議論は、当然のことなのだが、

もし学習が本当に個別化されているのなら、選択は必要ないし、選択をしないことが、さまざまなプロフィールを持った子どもたちの長所を生かす余地を作るのである。

　この問題は「天賦の才能とタレント」プログラムの問題につながる。普通、「天賦の才能」は、たとえば数学のような学問的な科目の高い能力を意味するが、「タレント」は学問的ではない、たとえばスポーツの高い能力を指す。英国ではすべてはひどく政治的になってしまっていて、多くの親の不安や社会からの非難の元になっている。手助けが不必要な子どもたちを援助しているという批判もあるし、一方、教育資源の多くは援助の必要な子どもたちに向けられていて、それは国の期待に添うものだし学校のランクを押し上げているけれども、優秀な子どもたちは無視され、放置されていると思う人々もいる。その一方で、全く別の問題がある。それは優秀かそうでないかのばらつきの底辺にいて苦労している子どもたちのことで、国の期待に添うようになる可能性はほとんどないのである。

　これらの3つのグループ（優秀児、援助必要児、底辺児）はそれぞれIQと自信に関する研究の影響を受ける。それぞれについてより理解が進めば、それらを伸ばすために、より個別化された援助が提供され、より良い達成が得られるだろう。これは我々の考えだが（科学的な展望を示したというよりも個人的な見解にすぎないが）、教育資源が限られているとき、底辺児に対する援助を常に最優先にすべきである。このような子どもたちが個人的な能力を発揮するためには、最大限の援助が必要である。こうした子どもたちは一番一生懸命頑張らなくてはならない。けれども教育資源が豊かであれば、このようなグループに注目するのではなくて、一人一人の子どもに個別化した教育を与えることを考えるべきである。

　結論として、IQと自信を伸ばすことは（これらは学業成績の予測因子であることが明らかにされている）、学校のカリキュラムの一部に組み込まれなくてはならない。試験科目ではないが、そのほかの良い成果と共に明らかに成績を向上させるだろう。生徒の認知能力と自信を伸ばす最も実行可能な方法は、おそらくクラス全体で共有できるものではないだろう。したがって、IQまたは自信を伸ばす教育では、生徒にさまざまな活動から選択するチャンスを与え、何をするか、誰とするかを自分自身で決定させなくてはならない。我々の仮説では、IQや自信は学習環境と学業達成のあいだの良い関係を結びつけるに違いない。このような教育においては、教師には伝統的な教育よりもさらによく観察して、

追跡する役割が求められるだろう。肝腎なことは、学校においてIQと自信に関する遺伝的な能力を最大限に引き出してやるならば、教育システムは改善できるということである。

8章　特別な教育の必要性 ── 着想とインスピレーション

　学習能力と学業成績における遺伝子の重要性を考えると、遺伝物質が多すぎたり、少なすぎたり、壊れていたり、変異を起こしていたりすれば人間の成長に著しい影響を与えることは驚くにはあたらない。たとえばダウン症の子どもは21番染色体が1本多い（遺伝物質が多すぎる例である）。この子どもでは、過剰な染色体が（一部の例外を除いて）すべての体細胞に認められる。ダウン症に関する多数の研究の結果、我々は過剰な21番染色体がこの子の成長にいくつか特徴的で予測可能な影響を及ぼすことを知っている。ダウン症の赤ちゃんはしばしば顔の特徴だけで認識される。彼らの目じりは斜め上に上がっていて、耳の位置が低く、鼻がへこんでいる。近寄って見ると、親や医師はしばしば、赤ちゃんの手のひらにしわがあり、首の後ろが厚く、足の親指と他の指のあいだが離れていることに気づくだろう。過剰な染色体はまた、心臓や呼吸器の問題や、聴力や視力の障害、筋肉の緊張低下、歯が生える順番が違うなどの異常をおこすこともある。生まれたときにはわからないことは、過剰な21番染色体が（人間の染色体の中で最も小さいものの一つなのだが）、子どもの学習能力をどのように障害しているかである。ダウン症のすべての子どもと大人には学習障害がある。最も優秀な人であっても、ダウン症の場合は過剰な染色体を持たない場合に比べて、学業成績と認知能力が低い。

　学習と認知能力の障害が知られている1000以上の遺伝性疾患があるが、ほとんどはダウン症より稀である。たとえばウイリアムズ症候群の子どもの場合は7番染色体上の一連の遺伝子が欠けている（欠けている部分はきわめて小さな遺伝物質である）。その直接の結果として特徴的な「妖精」のような顔立ちになり、大動脈狭窄や幼児期における高カルシウム血症のような合併症を伴うこともある。ほぼすべてのウイリアムズ症候群の子どものIQスコアは平均以下である。プラダー・ウィリ症候群では多くの場合、父親由来の15番染色体上のわずかな遺伝子欠損が知的障害や筋緊張低下やホルモンの異常やしばしば食物に対するこだわりを引き起こす。

これらの遺伝的あるいは染色体の異常のどれかを持った子どもたちは、遺伝子の作用のしかたについて貴重な洞察を与えてくれる。たとえば、我々の遺伝情報のわずかな変化や付加や減少が我々の解剖や生理や健康にさまざまな影響を及ぼすことは、これらの遺伝子がさまざまな作用を持っていてお互いに関連している、その広がりを際立たせている。4章と7章で論じたように、遺伝子は何でも屋なのである。これらの症候群のどれかを持つ人々に共通する行動パターンを詳しく調べると、遺伝子と教育についてたくさんのことを学ぶことができる。

　これらの子どもたちについて、この本ではこれまで論じてこなかった。彼らは学習能力という点では遺伝的に正規分布していない。彼らの学習障害は、単に遺伝的な影響を受けているというのではなく、遺伝的な原因で引き起こされている（とはいえ、彼らのあいだの個人的な違いもまた、いつものように、遺伝子と環境の影響を受けていると思われる）。したがって、行動遺伝学の研究から我々が引き出した結論の多くは、同じようにあてはめることができない。ダウン症やウイリアムズ症候群やプラダー・ウィリ症候群の能力や成績について遺伝を考慮した研究は行われていないが、そのような研究ではきわめて多数の双子と養子の子どもたちに参加してもらわなくてはならないからである。十分な数の被験者を集めることができないのである。けれども、このような子どもたちは行動遺伝学的研究の焦点でないとはいっても、彼らについて述べるだけの3つの理由がある。まず、どんな教育システムも、すべての子どもたちの必要を考慮する責任がある。教育の個別化についての我々の結論は、ほかの子どもたちと同様に、この子どもたちにも関係がある。第2に、これらの子どもたちは特定の遺伝的な原因に基づく個人差を見つめる、有意義な機会を提供してくれる。それによって我々は、教育において遺伝的な違いが意味するものを学ぶことができる。それには教育に関する正規分布の中のもっときめ細かい遺伝的な違いも含まれる。第3に、このような子どもたちに提供されている、特別な教育技術について示唆を得ることができるだろう。

　ヴァンダービルト大学のロバート・ホーダップ教授は20年ちかく、知的障害の特定の遺伝的な原因を考慮した教育を行う道を切り開いてきた（たとえばHodapp and Dykens, 2009）。一般のクラスと同様に、特別教育のクラスもしばしばそういう教育を行うのに苦労してきた。遺伝的な原因が異なるということは、ダウン症やウイリアムズ症候群やプラダー・ウィリ症候群やそのほかの知的障害と診断された子どもたちの必要とするものがそれぞれ異なっており、均

一な一つのグループとしてまとめたり、同じ方法で教育すべきではないことを意味する。さらにまた、教師は学習障害の子どもたちには、情緒障害や行動障害の子どもたち、さらに深刻な多様な問題をかかえる子どもたちとは別の方法で接しなくてはならない。遺伝的な異常は、このような子どもたちを一般の子どもたちとは違うものにしているし、一人一人を違うものにもしている。このことは、子どもたちに最適な教育を行うために重要な意味を持つ。

　学習については、たとえばダウン症の子どもたちは特定の強みと弱みを持っていることが見出されている。彼らは全体として、聴覚よりも視覚による勉強の方が得意な傾向がある（いつものように、一人一人は彼らの平均や標準とは違うことが多いのだが）。それでダウン症の子どもの教育には、話して聞かせるよりも見せて教えることが重要である。このことを理解して工夫すれば、非常にうまくいくだろう。ダウン症の子どもたちは言語の発達が遅れることが多い。この子たちの多くでは聴覚による作業がとくに弱いことを考えると、言語の発達が遅いことも理解できる。我々は聞くことによって、それから周囲で聞かれる言葉に少しずつ関わっていくことによって、話すことを学ぶのである。こういうとき何が助けになるのだろう？　こういう子どもに読み方を教えるとき、理想的にはできるだけ早い時期がいい。ダウン症の子どもたちは視覚刺激にはよく反応するから、話し言葉よりも書かれたものによって言葉を教えることは理にかなっている。読み方を早く教えると、この子たちの一部は年齢相当の読字能力を身につけることができ、IQよりも明らかに高いレベルに達する。それは学校環境での自己評価や仲間うちの評価を高める力となり、言語能力に対しても良い効果をもたらすだろう。

　それとは対照的に、ウイリアムズ症候群の子どもたちは、IQに比べて会話や言語の能力が優れていると考えられている。彼らの言葉でのコミュニケーション能力は普通、視覚的、空間的な能力よりも優れている。したがって、ウイリアムズ症候群の子どもたちの教育では、視覚的な情報よりも言語的な情報をできるだけ与える方が望ましい。プラダー・ウィリ症候群の場合は、一連の数字や手の動きを覚えるような連続作業がとくに困難である。これらの子どもたちは同時作業の方がよりできる。このことが意味することは、たとえば数の数え方の学習には、実際の物を用いながら言葉を使って教えるのがよいということだ。

　これらの症候群の子どもたちの学習のしかたが異なるのは、遺伝的なプロフィールが違うからであり、この事実を考慮に入れれば、彼らはもっと早く、

もっと十分に発達できるだろう。ダウン症の子どもたちが言葉によって教育されたなら、たいていの場合、他の方法で教育されるよりも発達は遅いだろうし、ウイリアムズ症候群の場合は視覚的な道具で教育されると、これもうまくいかないだろう。彼らにそぐわない学習方法が行われた場合、子どもたちはいらいらしたり、不満を持ったり、学習障害がひどくなるだろう。議論を簡便にするために、ここではこれらの症候群の平均的な場合について論じたが、子どもたちは一人一人違うことが考慮されなくてはならない。

　個別化は複雑であり、もちろん、各症候群のプロフィールは一般的な教育の指針となるけれども、常に平均的なものよりも個人の必要とするものを中心に考えなくてはならない。けれども実際には、特別教育の教師たちは、少数の視覚教育が必要な子どもたち、少数の言語教育を要する子どもたち、さらに、きわめて特別な必要があったり、行動にうまく対処しなければならない子どもたちを受け持っている。このような子どもたちの能力を最大限に引き出すような教育を行うことはかなりの難題である。特別教育の教師たちは、教室の前に立って、チョーク1本で教えるのではうまくいかないし、電子黒板（インタラクティブ・ホワイトボード）を使っても、まずダメだということを誰よりもよく知っている。結果的に、特別教育の教師はそのような子どもたちについての経験が豊富だから、ほかの教育関係者に教育の個別化について優れた助言をすることができるだろう。

　けれども個人差への遺伝的影響が強調されていて、一般の学校よりもよく理解しているはずの特別教育においても、効果的に教育の個別化を行うことにはかなりの失望がある。ホーダップ教授は知的障害の遺伝的多様性を特別教育で考慮することには抵抗があると指摘している。特別教育の「バルカン化」（細分化）に対する懸念があるのだ。このシナリオでは、行政担当者は異なる疾患については異なる特別教育を準備しなくてはならない。それははっきり言えば、行政にとっては悪夢であろう。要するに特別教育においても一般の教育においても、個別化教育に対する抵抗がまん延しているのである。この問題をどう扱うべきかは我々にも十分理解できていないし、ましてや多くの学校にとっては不可能のように思われる。真の個別化は遺伝的に正しいだろうし、一人一人の可能性を育てるには最善の方法であろう。理想的な教育システムとも言えるだろう。しかし、どうしたら、現実のものにできるのだろうか？　これは正当な質問である。これがこの本の第2部でまず答えたい問いである。

特別教育の必要性の拡大

　これまで、遺伝的な問題で起こった学習障害の子どもたちに焦点を当てて特別教育の必要性を論じてきた。しかし、これらの子どもたちだけが特別な必要があるわけではない。英国の教育では「声明書」（ステートメント）というシステムがあって、親はこれに応募して取得することができる。これは法的拘束力のある文書で、特別な支援が必要な子どもに提供される、子どもの権利である。声明書が適用されている子どもたちは、英国の学校教育を受ける子どもたちの2.7％を占めている。これまで論じてきた子どもたちは、明らかに声明書にあてはまる。けれども一部の地域では、とくに予算カットが行われると、残念ながら親たちは行政と戦わなくてはならないかもしれない。声明書によって、たとえば一般校は子どものための1対1教育の補助者を雇う予算がつくだろう。この仕組みがうまくいくと、補助者はクラスの教師の授業を、対象の子どもに応じたやり方で教えることができる。補助者は子どものことを知っているし、声明書が適用されている子どもの持っている疾患についても理解している。このやり方がうまくいくかどうかは、こうする能力のある人たちを雇えるか、個別化への意志、常に最新の知識や技術に遅れないように訓練ができるか次第である。このやり方は学習障害の子どもたちにも、自閉症や注意欠陥多動性障害（ADHD）のような特別教育が必要な行動異常の子どもたちにも非常に有効だ。声明書は特別学校にいる子どもたちにも必要である。

　学校で十分な進歩が認められないけれども、特定の診断はついていない子どもたちも特別教育の必要があるかもしれない。ちょうど今、英国では声明書システムについてはこれらの子どもたちの支援をやめるような大規模な見直しが行われている最中である。新しいやり方では学校が、特別教育を要する子どもたちを「スクール・アクション」という第1段階の特別教育に紹介する。この段階では、親は、あなた方の子どもさんは特定の分野で進歩が見られませんという連絡を受ける。そして個別教育プランが作られ、その子どもが十分進歩できるような、追加支援が学校から提供される。この中には追加の授業、設備、あるいは子どもの進歩に役立つようなものが何であれ含まれる。もし、それでも子どもに十分な進歩が見られないようであれば、「スクール・アクション・プラス」の出番である。このプランでは、学校は校外の専門家の助けを借りる。言語治療の専門家や理学療法士やカウンセラーや精神分析医などである。最初

から「スクール・アクション・プラス」が行われることが適切な場合もある。

　このシステムは、うまく行けば個別教育の優れた方法になる。教師は援助が必要な子どもを見極め、子どもに必要な援助を必要な限り提供する。きわめて興味深いことには、この方法によって英国の子どもたちの5人に1人もの人数が特別教育が必要であるという結果が出たのである。この結果についてはいささか反発を招いた。一例をあげると、冷笑的に書かれた記事がある。それはある学校で一時的に特別教育制度に登録された子どもたちについてである。登録の理由は、彼らの父親たちがアフガニスタンでの戦闘に従事しているからだった。けれども冷笑すべきなのだろうか？　もし、父親がアフガニスタンで戦っているための不安によって子どもの本来の学習能力が阻害されているなら、この子どもたちに追加の教育的支援をすることが悪いことだとは考えにくい。実際、彼らは特別教育の援助を必要としているし、おそらく一時的に必要な援助であろう。もう一度言うが、問題を引き起こすのはレッテル貼りである。誰かを「特別」と分類して決めつける衝動である。それは、他の人々がカギ爪を伸ばすのをけしかけるだろう。

　それではスペクトラムのもう一方の端はどうだろう？「才能を持っている」とか「タレントがある」というレッテルを貼られた子どもたちである。優れた能力のある子どもは特別な必要があるのだろうか？　これらの子どもたちには教育上の優先度があるのだろうか？　これは野心的な中流階級に迎合しすぎなのだろうか？　あるいは選抜校に入れて分離しないことが、こうした子どもたちにも、その周囲の子どもたちにとっても利益となるのだろうか？　学校で最も優秀という子どもたちは遺伝的に正規分布しないのだろうか？　彼らは多分、過剰な、あるいは欠落した遺伝物質を持っていて、DNAの青写真がかきまぜられ、ダウン症候群やウイリアムズ症候群やプラダー・ウィリ症候群より幸運な認知能力を獲得したのではないか？

　さて、我々はすでにTEDS双子研究において認知能力の高い子どもに見られる遺伝子は、ほかの子どもに見られる遺伝子と同じ遺伝子であるということと、同じことが英語や数学においても言えることを見てきた。けれども、もし、非常に優れた能力の子どもたちだけを対象にしたなら（トップ5%や10%ではなく、トップ0.1%を対象にしたら）、何か違うことを発見するかもしれない。我々の研究計画ではこのような評価はできない。膨大な数の対象者（サンプル）が必要だからである。我々は非常に多数のサンプルを扱っているのだが、それでも1000のサンプルあたりの999サンプルを捨てることが可能なほどのサンプル数

ではない。しかし我々が得た知識に基づくなら、学校で最も優秀な子どもたちの持っている遺伝子も他の子どもたちが持っている遺伝子と同じものなのである。でもクラスの大部分の子どもたちに合わせて行われる教育が優秀な子どもたちにとって簡単すぎたり、退屈だったとしたら、それは問題なのだろうか？　そう、それはもちろん問題なのである。もしクラスで行われている授業が優秀な子どもの能力を害するならば、その子どもはもっと知的な刺激を受けるという特別な教育上の必要があると言わねばならない。他の子どもたちと同様に、優秀な子どもたちにも彼らの強みと弱みに適切に合わせた刺激を与えるべきなのである。

　「才能を持った、タレントのある」子どもたちを現在の特別教育プログラム（SEN, special educational needs）に加えるとしたら、おそらくプログラム参加児童は4人に1人になるだろう。我々はそれでも、この数字は少なすぎると考える。4人に1人とか、5人に1人ではなく、5人に5人であるべきなのだ。すべての子どもたちがどこかの時点で特別な教育を必要としている。子どもたちの経験する困難は一時的なものかもしれないし、永続的なものかもしれない。遺伝子が原因かもしれないし、環境のためかもしれない。けれども彼らはその問題がある限り、即時の、共感的な、個別化された対応を受ける資格があるのだ。この子どもたちの一部は効果的な教育を受ける権利を守るような声明を出してもらわなければならないが、大部分の子どもたちはとくにそのようなものは必要ではないだろう。理想的な世界では、学校で彼らの必要なものは彼らの強みと弱みを記した書類で、そこにはその時点で得られたすべての遺伝的な情報も含まれている。この情報は子どもが必要とする支援の種類を見出すため、子どもが経験している問題に関する知識と組み合わされるだろう。我々がレッテル貼りをやめ、すべての子どもたちに彼らが必要とする特別な支援を与えるということについて考え始めるなら、特別教育プログラムに関する議論はそれほど問題にはならなくなるだろう。遺伝的な理由から、すべての子どもは何らかの学習、あるいは科目や経験上の困難に遭遇するだろう。子どもたちが注意深く追跡され、観察され、理解されるならば、そして問題解決のための特別な援助が準備されるならば、問題は解決し、子どもたちは自分の能力に関する否定的な考えや不必要に低い成績から抜け出せないようなことはなくなるだろう。しばしば子どもたちは特別支援児と呼ばれる。だが特別支援が常に必要な子どもはいない。そうではなくて、すべての子どもに教育のどこかで、特別支援の必要が生じるのである。これら特別な教育の必要をどうかなえるかについては、

第2部で論じよう。

現在実施中の学習の個別化

　追加の援助が必要であると判断された子どもたちの家族の多くは、ポルテージ・サービスに連絡される。このサービスは個別学習の取り組みの一つで、この方法が開発されたアメリカのウイスコンシン州の町の名前に由来する。子どもたちはポルテージ担当者に割り当てられ、担当者は定期的に子どもたちの自宅を訪問する。最初の数回の訪問では担当者は子どもを観察して、親や養育者と共にたくさんの小さなステップに分けられた発達チェックリストをチェックしていく。子どもがすでに達成している一つ一つの発達項目を印して、基準値を設定する。発達プロフィールはしばしば一様ではないし、とんがっていたりする。広範な分野での子どもの実際の発達を反映しているのだ。

　この時点でポルテージ担当者は子どものそれから数カ月のあいだの目標を定める。訪問のたびに担当者はおもちゃを持ってきたり、子どものための遊びを行って、子どもたちの目標を達成させようとする親たちを支援する。このサービスは子どもができるようになっているものは何か見極めて、その上に作り上げていくという考え方で実施されている。子どもたちができないことに焦点を当てたり、それを改善させようとするものではない。基本は子ども自身が持つユニークで、しばしば一様ではない発達プロフィールに基づいていて、子どもの受けた診断や1、2、3、4歳児の平均像には基づいていない。14章では、遺伝的背景を考慮した学校の個別化した教育とはどのようなものかを論じたい。すべての子どもたちが彼ら自身のユニークな能力を実現できるように、この洞察に富んだアプローチから我々はいくつかの知識を引き出すことができるだろう。

まとめると…

　特別教育システムが存在することは、一つだけの方法で、特別な必要のある子どもたちを教育することはできないことを示している。そうではなくて彼らには、遺伝子と彼らの固有の学習プロフィールを考慮に入れて、個人に焦点を当てた教育が提供されるべきである。ここには、一般に行われている教育への教訓がある。一般の教育では、あたかも子どもたちが全く皆同じであるかのよ

うに扱われている。だが彼らは同じではない。遺伝的、また、環境的影響のために、すべての子どもたちはあるタイプの、あるいは別のタイプの特別教育を受ける必要が、あるとき、または別のときに出てくる。このような考察は実行不可能なものに思えるかもしれない。しかし一般の学校でも生徒たちに同様の個別化した方法を準備することが必要なのである。理論はそうである。第2部では、これを実行することを試みる。

9章　教室の中の「クローン」

　今まで我々は主に成績や能力や障害に及ぼす遺伝的効果の影響に焦点を当ててきた。ここでは、環境に注意を向けよう。とくに子どもたちが学校で出会う学習環境である。学校や教室が作り出すものが、どの程度の違いを生むのだろうか。そんなことはほとんど問題にならないのでは？　いや、そうではない。
　2005年までに我々は数年間のTEDS双子研究を行い、読み書き算数と科学について研究したが、学校環境と学業成績のあいだに何ら明らかな関連を見出せなかった。この点の検討が欠けていたわけではない。我々は数千人の子どもたち、親たち、先生たちに、クラスの人数や学校の建物や本やコンピュータなどの教育資源や教室での大騒ぎやその他よくあげられるすべての要素について尋ねたが、彼らの影響があるという考えを遺伝的考慮を行った研究で検証すると、これらの要素はわずかな影響も示さなかった。これらの要素は我々が検討した子どもたちの学業成績の違いを、ほとんど説明することができないと言わざるを得なかった。そうすると、学校環境は子どもの学業成績に何の影響も持たないことになる。この結果は我々を混乱させ、結果としてこの本を書くことにつながったのだが、しかしまずは、我々をもっと頑張るように仕向けたのだった。もしかしたら我々の研究方法の感度が十分ではないのではないのか？　何かを見落としているのではないか？
　我々はすでに、重要な影響を及ぼすものは共有されないであろうということと、そして非共通環境の影響を調べるには、一卵性双生児のあいだの違いを見るのが最も良い方法であることを知っている。そこで、そうすることにした。一卵性双生児の検討によって、遺伝的影響をコントロールすることができる。もし一卵性双生児の学業成績のあいだに違いがあるなら、それは環境によって引き起こされたに違いない。
　この頃、米国ペンシルバニア州立大学の心理学者デビッド・アルメイダ教授が我々の研究室を訪れた。アルメイダ教授は日記研究の専門家である。人々に彼らのことについて1回限りの質問をする代わりに、彼らの行動や考えている

ことや感情について定期的にレポートするように求めるのである。レポートは毎日、あるいは1日数回のこともある。生活上の問題を起こす経験は、小さな、取るに足りない、繰り返され人々を消耗させる経験であるとアルメイダ教授は信じている。彼はチェーホフが述べた言葉を引用するのが好きである。「どんな愚か者でも危機に直面する。あなたを消耗させるものは日々の生活である。」〔訳注：この言葉はチェーホフのものだと考えられているが、実際には確認できていないとの記事もある。〕

　アルメイダ教授の研究対象は中年の人々で、彼らは多かれ少なかれ、仕事上の責任や子育てや住宅ローン、健康問題、請求書、自分たちの老親の介護に関わっている。驚くことではないが、彼はさまざまなストレスを見出した。我々のかかえている問題を彼と議論するなかで、彼の日記による解析法は生徒たちの学校での経験について、我々が行ってきた質問票よりもずっと生徒たちの経験に近づく方法ではないかと気づいた。さらに子どものストレスが強くなる時期だと言われている年齢でも、日記法は学校でのストレス経験の影響を調べることを可能にするのではないか。おそらく、もっと徹底的な検討を行えば、我々が見落としていた生徒たちのさまざまな学校経験、学校生活を作っている魔法を見つけ出せるのではなかろうか。

　我々はアルメイダ教授と一緒に、一卵性双生児たちが過ごす学校環境を測定する日記法をデザインした。我々は以前よりもうちょっと楽観的になり始めた。我々の計画は、50組ばかりの一卵性双生児たちと2週間のあいだ、毎日の学校生活について話すことから始まった。我々は彼らに毎日同じ質問をして、彼らの答えが教師から見た達成状況と関連しているかを検討した。

　我々は、まず毎日の日記インタビューで用いる尺度を開発するところから研究を開始し、学校での友達関係のストレスについての一連の質問をすることから始めた。「今日、同級生と言い争いをしましたか？」、「今日、誰かから仲間はずれにされましたか？」それから勉強のプレッシャーに移った。「今日の授業でわからないところはありましたか？」、「今日までに出さなくてはいけない宿題が出せなかったりしませんでしたか？」そして教師との関係についての質問リストも準備した。「今日、先生は質問して、君に当てましたか？」、「今日、先生から授業中にしっかり聞いていなかったと言って、叱られませんでしたか？」ストレスについては以前の遺伝を考慮した研究では検討されなかったが、学校での経験のなかで潜在的に重要だということを我々は感じた。だが我々は、学校教育の肯定的な面についても、新しいやり方で焦点を当ててみたいと考え

た。そのため我々は、「フロー」という心理学的概念を用いることにした。

　「フロー」という概念を最初に記載したのは心理学者のミハイ・チクセントミハイである〔訳注：ハンガリー出身のアメリカの心理学者。1934年生まれ。クレアモント大学院大学教授〕。「フロー」は我々が今現在関わっている活動にどれくらいのめりこんでいるかの尺度である。ある程度は、少なくとも問題にしている活動の持続時間中の幸福度の尺度でもある。チクセントミハイは、「フロー」状態にある人は、自分が楽しいと思う活動に没頭していると言う。退屈してはいない。また、そのことに集中するのに努力もいらない。チクセントミハイは「フロー質問票」を作成した。これは、3つの引用で始められる。1つはロック・クライマー（岩登りをする人）から、1つは作曲家から、そしてもう1つはダンサーからである。それぞれに次の文が続いている。

　　私の心はふらついていない。他のことは考えていない。私は今やっていることに完全に没頭している。体調がいいと感じる。何にも音は聞こえない。世界は私から切り離されているようだ。私は自分自身のことも、自分の問題も気にしていない。

　こうした引用を読んだあとで、被験者は同じような感情を経験したことがあるか、それはどんな活動をしていたときかを尋ねられる（Csikszentmihalyi and Csikszentmihalyi, 1988）。このようにして被験者は、自分自身の「フロー」を認識する。それはロック・クライミングのように過激なものかもしれないし、車を洗うような平凡なことかもしれない。それから被験者は彼らが認識した「フロー」状態について、一連の質問に答えるのである。我々はチクセントミハイの質問票を我々の研究にあてはめて、「フロー」をもたらす可能性のある授業として、英語（母国語）、数学、科学を取り上げた。毎日のこれらの科目の授業で、双子たちがどの程度「フロー」状態にあるかを、一連の表現を用いて尋ねた。たとえば、「熱中している」、「不安だ」、「するように言われていることを完璧にわかっている」、「退屈している」など。

　最後に我々は、毎日の日記インタビューをおおざっぱな単一項目の質問で終えることにした。これはパイロット・スタディなので、試してみるにはちょうどよい。双子たちに簡単に次のように尋ねた。今日、学校で過ごした時間は、もし、1から10までの段階で表すとして、1が最悪で10が最高としたら、いくつぐらいでしたか？

準備ができ、少人数の子どもたちで実行可能性を検討したあとで、インタビューアーが10歳の一卵性双生児のいるTEDS研究参加の家族に、今回の研究に参加してもらえるかどうかを電話で尋ねた。反応はよかった。研究に参加してくれている家族の寛大さである。2週間以上にわたって、インタビューアーが60組以上の双子たちに、学校が終わった夕方、毎日電話した。そして担任の先生たちにも、子どもたちの英語、数学、科学の達成度を尋ねた。反応はすぐにデータベースに取り込まれ、我々は学校環境が子どもの成績に影響を与えているという明らかなサインがそこにあることを願いながら、やきもきして待っていた（Asbury et al., 2008）。
　そうはならなかった。公平に言うなら、最初の日に我々はわくわくしながら最新のデータを調べたのだが、本当にがっかりしてしまった。経験が大切だということを示すサインがそこここに少しは見られるのだが、発見したぞ！というような瞬間は訪れなかった。しょげながらデータを見直しても、濁った川の中からわずかなヒントでも見つけるという期待はしぼんでしまった。
　最初の光明が見られたのは次の事実だった。友達や勉強や教師からのストレスは全般的な成績と関連しないように思われたが、これらのストレスは子どもたちの「フロー」と、彼らが学校生活にいだく前向きの気持ちに負の相関を示したのである。学校でのストレスは、学校での幸福感と負の相関を示した。友達や勉強のストレスと「フロー」のあいだの負の関係は、統計的に有意であった。これは我々が追究したものではなかったが、ともかく出発点であった。
　けれども我々がとくに関心を持ったのは、一卵性双生児のあいだの学校での経験と成績との統計学的に有意な相関であった。一卵性双生児の子どもたちはすべての遺伝子を共有しているから、彼らの違いは環境の違いによって生じたことになる。もし、彼らの経験の違いが彼らの学業成績の違いと相関しているなら、今問題にしている経験は非共通環境として影響していることになる。我々は、学校はほとんどの行動の側面に対して、とくに学業成績について、非共通環境の影響のたばとして見るべきだという仮説を立てて研究を進めた。
　実際、統計的に有意な相関が見出された。まず、友達からのストレスについて、一卵性双生児の片方の子どもがもう一方よりも強かった場合、英語の授業中に幸せであったり、熱中していたり、「フロー」状態にあると報告する可能性が低いことを見出した。けれども、子どもが友達からよりストレスを受けていて、英語の授業中により幸せでなかったからといって、英語の成績が必ずしも悪いということにはならなかった。一卵性双生児間の友達からのストレス

の違いも、「フロー」状態の違いも、英語の成績の違いとは相関していなかった。これは、我々の用いた教師による子どもたちの評価法の感度が悪く、小さな違いをとらえることができなかったためかもしれない。あるいは統計的有意差をとらえるには、我々のサンプル数が少なすぎたのかもしれない。もしかしたら、これらのあいだには関連はないのかもしれない。たとえば教師には生徒の評価を、3、4、5と評価するように依頼したのだが、実際は子どもたちはレベル3のA、B、C、またはレベル4のA、B、Cと評価されていて、1年間にこのサブレベルで2段階上昇すればよいものとされていた。このことは、もし双子のうちの一人が4A段階で、もう一人が4Cであれば、片方の子どもはもう一方の子どもより1年分学習が進んでいることになる。このことを我々のデータはとらえていなかったのだ。とはいえ、教師に依頼した子どもの評価法の感度の悪さとサンプル数の少なさという制限はあるものの、友達からのストレスの違いと英語の成績の違いのあいだの関連は、統計学的に有意なレベルにきわめて近かった。これは次の段階で計画している、もっと大規模な研究での検討課題である。友達の問題と成績のあいだの有意な関連については、我々は慎重ではあるが肯定的な結果が見出されるだろうと考えている。

　次に我々が見出したことは、一卵性双生児における友達からのストレスの違いは実際に数学の成績の違いと有意に相関するということ、そして、よりストレスを感じる子どもの数学の成績は良くないということだった。さらに一卵性双生児の科学における「フロー」状態の違いは、科学の成績の違いと有意に相関していた。この研究が示唆することは、まだ予備的なものではあるが、子どもたちが友達関係を何とかやって行くことや感情をコントロールすることを支援したり（もちろん言うは易く行うは難しであるが）、とくに科学の学習にしっかり取り組める方法を見つけたりしてやることは、子どもたちが受け継いだDNAとは独立に、学業の達成に目に見える効果をもたらすだろうということである。これはまだ漠然としてはいるが、さらなる研究を期待させるものだった。

　ごく最近、我々は一般中等教育修了証（GCSE）の成績の違いを説明するため、16歳から18歳までの一卵性双生児の親たちから話を聞いた。一卵性双生児の試験成績には明らかな違いは少なく、我々が見つけた、子どもの頃には学業成績については遺伝子が非常に重要だという知見を確認することになった。このことは指摘するに値するだろう。けれども環境による重大な効果があることと、家族がしばしば友達仮説の話をすることにも気づいた。たとえ

ば17歳の一卵性双生児のきょうだい、ダニエルとマーク（仮名）の両親と話をしたが、マークのGCSEの成績はAスター（A*）からC段階までに入る教科が10個で、専門的に音楽を学ぶために大学に入学しようと思っており、その要件であるAレベル試験の勉強をしていた〔訳注：GCSEでは受験者の成績がAスター、A、B、C、D、E、F、G、Uの9段階に分けられる。Aレベルは大学入学可能レベルである。毎年、英国の500万人以上の生徒がGCSEを受験する〕。一方、ダニエルの成績はAスターからC段階までの教科は4個で、職業コースを選択するために専門学校に行ったが1年目を失敗して就職できず、技能実習先を探していた。これは成績の明らかな違いを示しており、成人してからの生活体験の違いに大きく影響するだろう。実際、違いはすでに見え始めている。もっともそれは、我々が予期していた姿ではない。マークはよりストレスを経験していて、あまり外出しようとはしなかった。授業についていけなくなることを心配していたのだ。一方、ダニエルは体育館で長い時間を過ごし、友達とのつきあいも楽しんでいた。彼らの両親と話したところ、両親が初めに言ったことは次のことである。「マークはたくさん努力して、それはうまく行きました。ダニエルは長いことぶらぶらしていて、クラスのおどけ者になっています。」けれども、双子の片方は強い職業倫理を持つのに、もう一方はそうではないという疑問の答えはまだ見つかっていない。

　ダニエルとマークの経験と成績の違いについてさらに詳しく論じると、学校では二人はずっと別のクラスにいたことに気づいた。これはずっと非共通環境にいたということである。最初の2年間は二人とも同じようにうまくいっていた。けれども小学校卒業までに、マークは常に、ダニエルよりも良い成績をとるようになった。このことについてどう考えるか両親に尋ねると、彼らはすぐに友達関係の結果だと言った。ダニエルとマークは「生まれたときから無二の親友」で共通の友達もあったけれども、それぞれ次第に全然違うグループの友達とつきあうようになった。「友達づきあいがすべてなんです。」両親はマークの友達は、やる気のある、賢い子どもたちだと言い、ダニエルの友達は面白いことが好きで、期待に応えるというようなことは気にしない子どもたちだと表現した。これは一例にすぎないし、他の研究者たちが言うように「逸話」がいくつあっても、それは「データ」にはならない。けれども事実、親たちの多くは良くない友達づきあいが子どもたちに及ぼす影響を心配している。我々の予備的研究は、友達関係が学業成績に対する非共通環境として影響する可能性があることを際立たせた。遺伝学から考えると、ダニエルはすべての点でマーク

と同じほどの成績をあげることができるはずなのだが、友達関係を含む何かが彼を引きとめているのだ。友達関係やいじめについて調べたいくつかの行動遺伝学的研究がある。この研究を教育学に持ち込んで、学校生活に良い影響を与える健康的な友達関係を作って、それを続けて行けるように若い人たちに何か援助できないか考えることは良いアイデアだと思う。

積極性と成績

　最後に、我々のおおざっぱな測定（その日の全体的な印象を1から10段階で評価する）は予想外にうまくいった。一卵性双生児の1日の平均的印象スコアの違いは、一卵性双生児の数学と科学の成績の違いと統計学的に有意の相関があった。簡単に言うと、双子のうちの学校でより積極的な方が数学も科学もよくできるのだ。もちろんこれは、ニワトリと卵の可能性がある。勉強ができる子の方が学校でもより積極的になれる。それでも、この関係は興味深いものがある。

　それで、我々の研究が終わるまでに、学校での積極性と、教室での「フロー」状況、友達からのストレスが成績に対する非共通環境として影響するという仮説が浮かび上がった。我々はまた、友達や勉強のストレスと「フロー」のあいだの有意な関係を認めた。少なくともいくつかの科目については、「フロー」と成績のあいだに連鎖反応の可能性があるように思われた。さらにまた、ストレスは「フロー」と逆の関係にあった。これはクラスのストレスは意欲のなさと関連していて、意欲のなさは「フロー」と積極性の点で、学業成績に対してネガティブな連鎖反応を起こすという仮説を示唆した。おそらくは学業成績を高めるために、子どもたちにストレスの対処法と「フロー」状態の獲得法を教えることには利点があるのではなかろうか？　このような「考える技術」は、カリキュラムを強化することになると思われる。このアイデアについては第2部でさらに論じたい。

教室の中のクローン

　この研究で最も印象的だったことの一つは、先行研究を再現することにもなったのだが、同じ教室にいる一卵性双生児たちが異なった経験をし、異なった認知をするということである。このことは実は驚くべきことである。遺伝的

に言えば、この子どもたちはお互いのクローン（同じ遺伝子を持つ個体同士）であって、同じ家族の中で育ち、同じ教室で教育を受けたのに、彼らは世界を違った方法で経験しているのだ。我々が彼らのことを研究したのはわずか2週間でしかなかったが、双子たちは彼らの経験をもう片方の双子とは違ったふうに感じていた。友達から受けるストレスや教師との関係については、相関の程度は1.00どころか、0.50以下であった。同じことは、科学の授業に対する「フロー」についても言えた。相関はわずか0.36であって、科学の授業を楽しむ度合い（友達や教師に対する関係も同じだが）は遺伝子や共通環境よりも、非共通環境の影響を強く受けたことを示している。勉強のストレスや、英語と数学の授業の「フロー」や、学校に対する積極性（1日の平均的印象スコア）における一卵性双生児のあいだの相関は0.50を超えなかった。それとは対照的に、英語、数学、科学の成績の相関はほぼ0.80であった。これらの成績に対しては、遺伝子と、おそらくは共通環境が、経験をどう感じるかということよりも強い役割を持っていた。

　どのようにして遺伝的に同じ一方の子どもが学校の勉強や人間関係について、もう一方よりも問題を感じたり、経験したりするのだろうか？　偶然性が働いているに違いない。さらに、妊娠の初めから環境の違いが存在する。子宮内の双子の胎児の位置や胎盤とのつながりなどである〔訳注：土屋『性格はどのようにして決まるのか』参照〕。環境の違いが同じDNAのパッケージを拡散の方向に進めるのだ。そこではすべての選択と経験が双子のそれぞれの個性を強めていく。けれども我々が認めたデータでは、学校は少なくとも主観的には非共通な経験として働き、それは行動や個性やその他多くの特性に影響するものと思われた。けれども学校がはたして学業成績に影響するのか、また、もし影響するならどのようにして、という点について我々の知識は十分ではない。このことは真剣な考察と探索を必要とする。ちょうどこのことについての有名な本のタイトルのように、西欧の子どもたちの多くは、少なくとも『1万5千時間』の義務教育を受けるのだ（Rutter et al., 1979）。自分自身の教育の経験を思い起こしてほしい。非共通環境が及ぼした影響に気づくだろうか？　多くの人たちは、たくさんのことを思い出すのではなかろうか。特定の先生に刺激を受けなかっただろうか？　あなたの新しい可能性を開くような学校劇で、大事な役をしなかっただろうか？　学校でいじめられるから、仮病を使って学校を休まなかっただろうか？　一番仲の良い友達が転校したり、あなたとつきあうのを止めたりしなかっただろうか？　非共通環境が影響する可能性は、すべての学校

の廊下や教室に満ちているのだ。我々の課題は、これらの偶然性がどのように働くか、そしてそれはどのような領域に影響するのかを明らかにすることである。初めに述べたように、我々は新しい研究でこの課題を取り上げ、再び一卵性双生児たちと彼らの家族と話した。その目的は、成績や幸福や若者たちが卒業するときの意思決定の違いを生み出す教育のいくつかの面について解き明かすことである。

10章　ギャップに注意 —— 社会的地位と学校の質

　どういうわけか、メディアの教育についてのおとぎ話では、労働者階級の子どもたちはヒーローと悪党の両方の役を割り振られる。一方ではあまり恵まれない境遇に生まれて育ちながら奨学金を得て、オックスフォードやケンブリッジやハーバードやプリンストンのような名門大学に進み立身出世を果たした人が少数ながらいる。シンデレラみたいなものだろうか？　新聞はこういう子どもたちの写真が好きである。元気の良いショートスカートの女の子たちが入学試験の合格通知をひらひらさせているような写真も好きだが。これは何かを物語っている。他方、こういった子どもたちの大多数は試験の成績も良くないし、通学している学校といえば、野心的な中産階級の親たちが逃げ出すような学校である。新聞はこういう子どもたちの写真を悲しむべきもの、恐るべきものだと言う。にきび面の若者が威嚇的な格好でパーカーを着ている（かわいらしい赤ずきんのようなものではない）。たいていタバコを吸っているか、妊娠しているか、あるいはその両方だったりする。ダメ学校と言われている学校は、賭けてもいいが、緑の多い郊外にはないし、生徒たちは教師や医師や弁護士や会計士の息子たちや娘たちでもない。議論を男の子に絞ると、たいていの場合、もっぱらワルの王国ということになってしまう。労働者階級の教育はやる意欲のなさ、低収入、社会的地位の低さ、犯罪の温床が特徴の失望の泥沼と言ってよいようだ。

　実際にはどんなことが起こっているのだろうか？　こういった印象は本当はおとぎ話で学校選択のための誇大広告なのか、それとも公正で正確なルポルタージュなのだろうか？　学歴が全くないかわずかしかなく、職業的地位も低く、低収入の親によって育てられ、ずる賢い環境に住む子どもたちは必ず学校の成績は悪いのだろうか、そしてもしそうなら、それはなぜだろうか？

　これらの質問に答えようとすると、複雑で、やっかいな事実が浮かび上がってくる。第一は社会経済的地位である。この文脈の中では普通、親の学歴と職業的地位が問題にされ、IQと同様に学業成績の良い予測因子である（社会

経済的地位とIQも相関している)。このことは世界各地の研究で証明されている。学校の質が強調されるなかで、英国のオフステッド〔訳注：Ofsted; Office for Standards in Education, Children's Services and Skills、子どもや若者が優れた養育を受けているか、また、あらゆる年齢の学習者が優れた教育と技術を達成できているかを監督・調査する政府機関〕による調査によれば、親の社会経済的地位は子どもの学校での成績について学校の質よりもはるかに強い予測因子であった（Walker, Petrill, and Plomin, 2005）。貧しい生まれは、しばしば低い成績の結果につながる。

　第二のやっかいな事実は、社会経済的地位が部分的には次の世代に持ち越されることである。遺伝子は人々の学歴の違いの約半分を説明できる。職業的地位の違いについては40％である。子どもの環境、たとえば家族の社会的地位のような面が遺伝子によって影響されるというのは少し妙である。けれども実際、学業成績に対する遺伝的影響やそれがどのようにして学歴や職業に影響するのかを考慮すると驚くことでもない。さらに我々は、遺伝子は収入の違いの30％を説明できることも知っている。社会経済的地位の調査では収入の違いも検討される。社会経済的地位のその他のカテゴリーも経済資本（資産）、社会資本（あなたが誰とつながっているか）、文化的資本（あなたの読む本、聴きに行くコンサート、見に行く美術館など）に基づいて提案されている。これらの社会経済的地位のさまざまな面について遺伝を考慮した研究はまだない。けれどもこれらは、個人の達成度や性癖や好みをとらえているので、次世代へのより大きな持ち越しが見られるのではないかと我々は予測している。親からの社会経済的地位が次世代へ持ち越され、そして子どもたちの学業成績もそうであることから、遺伝学的研究が社会経済的地位と達成のあいだのつながりが部分的には遺伝子によってもたらされることを明らかにしたからといって、とくに驚くほどのことでもないだろう。まとめると、社会経済的地位は環境要因と同様に遺伝の影響も受ける。そしてこのことは、多くの人にとってやっかいな事実なのだ。

　さらに英国においては、個人の業績が社会の階級によって異なっている。このギャップは先進国の中でも一番大きい方である。表面上はこれはがっかりすることである。低所得層の親のもとに生まれた子どもにとっては、はなから不利になっている。遺伝子と環境が子どもたちとその家族にマイナスに作用する。この子どもたちは特別教育の必要があるというレッテルを貼られ、はなはだ大きな比率を占めている。彼らと中流階級の子どもたちのあいだにあるギャップ

は明らかで、小学校入学よりずっと以前に始まり、時間とともに大きくなる一方である。けれども同じ理由から、我々は環境要因が少なくとも遺伝要因と同じ程度、社会経済的地位に影響することを知っているし、環境は変化を起こす手段として使うことができることも知っている。また、社会経済的地位が低い家庭の子どもたちの一部は非常に高いレベルで学問的な成功を達成することも知っているし、研究にとって重要なのは、これらの子どもたちがどうして、そしてなぜ、そんなにできるようになったのかを理解することだと提案したい。もし、この問いに答えることができるなら、経済的、あるいは社会的に不利な境遇にある子どもたちや若者に有益な違いを提供するような環境を生み出す力を持つことになる。子どもたちの遺伝的な個性と戦うのではなく、それをうまく利用すれば、我々は子どもたちの不平等を減らしたり、能力を引き出したりする新しい方法を確認できるだろう。

　社会経済的地位は、一部は遺伝的な理由によるが、実際子どもの成績を予測できる。この事実は行動遺伝学といえどもひっくり返すことはできない。けれども行動遺伝学ができることは、特定の遺伝学的あるいは環境の影響が作用していることをもう少し掘り下げて明らかにして、遺伝と環境がどのように相互作用をしているか理解してゆくことだ。教育は機会の均等化と社会の流動性を促進するのに最も良い仕組みであるという一般的な合意があることは注目に値する。けれども最近の社会学的研究によれば、話はそれほど簡単ではない（Goldthorpe, 2012）。我々は学校を社会経済的地位や社会の流動性に影響する環境要因という見方を超えて考える必要があろう。それには有益な遺伝子－環境相互作用も含まれる。子どもたちは学校で学ぶのと同様に家庭でも学ぶ。すべての学習環境を個別化することは、遺伝的能力を高めることでもあるだろう。

低い社会経済的地位 ── それはどのようなものなのか？

　ある家族を社会経済的地位が低いと呼ぶとき、それが何を意味するかについてちょっとしたことを述べるところから始めよう。平均的に言って、このような家族の経験は社会経済的地位の高い家族の場合とどう違うだろうか。気取った政治家がニュースで「恵まれない人々」について述べるのを見たことのない人はいないだろう。誰もが低所得の人々の生活における複雑さや矛盾について誠実に、真面目に理解したいと望んだことがあるだろう。

　労働者階級の家族は家庭の収入については、中流家庭に比べてたいてい貧乏

である。この相対的貧乏は家庭環境のあらゆる面に影響するし、子どもたちの成長にも影響を及ぼす。たとえば最近の英国での研究では、貧しい収入は5歳児の認知機能に強い影響を及ぼす（Schoon et al., 2012）。低収入は連鎖反応を起こす。親のストレスを引き起こすし、水泳や音楽といった習い事や修学旅行や遠足、パソコンや本やスポーツ用品などに必要な費用も欠くことになる。低収入の家庭に育つ子どもたちはこの点で、他の子どもと同じようなさまざまな経験ができない。彼らの教育の初めから終わりまで、実際そうなのである。勉強で苦労したり、成績が悪くて将来に期待できなくても、家庭教師を雇うことなど考えられない。ストレスはもちろん社会経済的地位の低い家庭にだけ見られるものではないが、上に述べたような教育資源は裕福な家庭の子どもたちには常に与えられ、彼らが自分たちの才能を見つけ、伸ばすことを可能にする。ポニー・クラブのセット一式〔訳注：ポニー・クラブは1929年に英国で始められ、現在、世界30カ国以上で行われている少年少女のために乗馬を教育するクラブ〕という表現はいかにも中流階級的で、決して清掃作業員とかコールセンター従業員とか無職の人の子どもが行く感じはしない。このような機会を平等にすることは、すべての子どもたちに均等な機会を与えることにつながる。けれども環境を平等にすることで遺伝性が少なくなるわけではないということは指摘するに値する。逆に、3章で述べたように、遺伝性は平等の指標と言うことができる。環境が平等になった個人間の遺伝性の違いは減るのではなく、違いがより露わとなるだろう。1章で述べたように、すべての子どもたちが自分の能力を発揮するために平等な機会を得るのであれば、最悪の場合でも、これは払うべき小さな対価なのである。今のところ社会経済的地位の低い家庭の子どもたちは平等の機会を得ていない。このことは問題である。我々は不利な境遇に置かれた子どもたちと若者たちの利益のために、おそらく何かができるのである。

　研究の示すところでは、貧乏であるのと同様に、社会経済的地位の低い家庭の子どもたちは地位の高い家庭の子どもたちのように声をかけられることも少ないし、言葉に関する知識も少ないまま学校生活を始める（Purcell-Gates et al., 1995）。平均すると労働者階級の家庭の親たちは、恵まれた、もっと高い教育を受けた親たちよりも、子どもたちと一緒に過ごす時間が短く、子どもたちの必要に答えることも少ない。これは忙しすぎることや多すぎるストレスや養育のやり方が違うことの結果かもしれない。しかしこれは子どもたちの認知能力の発達と関連しているのである。この現象に関する遺伝を考慮した研究は、この関連がどう作用するのかをさらに明らかにするだろう。この知見を踏まえて

この現象について、最近の遺伝を考慮した研究では無秩序と学業成績のあいだの関連は遺伝子によるものか家庭環境のためなのかを尋ねている。TEDS双子研究チームのケン・ハンスコムによって行われたこの研究は、遺伝子は成績に影響するとともに、子どもたちの家庭の無秩序の程度に対する認識にも影響するという前提を立てた。これは正しいことが明らかになった。12歳の双子たちに自分の家の無秩序について尋ねたところ、一卵性双生児たちは二卵性双生児たちよりも同一性の高い答えを返した。このことは、家庭環境の認識は遺伝子に影響されることを示している。そうすると、生まれつきの性質は養育により育まれた性質と同様に、無秩序と成績の関連に関わっているだろうという仮説が成立する。データ解析はこの仮説を裏付けた。この関係の3分の2は環境によって、3分の1は遺伝によって影響されるのである。環境は直観的な感覚を作る。無秩序な家庭の子どもは宿題をするのに静かなきちんとした場所を持っていないか、宿題を仕上げる決まったやり方を持てるように支援されていないだろう。必要なときに必要な本や資料を見つけることもできないだろう。決まった時間に寝ないなら疲れるだろうし、疲れのために、あるいはテレビの騒音や叫び声のために集中できないかもしれない。それでは遺伝子はどう関わっているのだろう？　確実にはわからないが、遺伝子がひどい無秩序と成績の低さの関係に関わっている可能性は非常に高いと思われる。今後の研究で明らかにしたい課題である。

　もし、親の遺伝子のためにこんなことが起こっているのなら、受動的遺伝子－環境相互関係の例ということになる。無秩序な家庭環境を作り出すような親は学校で良い成績をあげたり、宿題をしたりすることには関心を持たないであろう。おそらく一部は遺伝的傾向のためである。彼らの子どもたちは親から受け継いだ遺伝子と、親から作り上げられた教育にふさわしくない環境という2つのリスクを背負っているのである。けれども、この研究の対象は12歳の子どもたちであり、中学校の年齢である。彼ら自身の遺伝子の関与は否定できない。この場合、能動的遺伝子－環境相互関係が見られるだろう。子どもたちがもし、素直に寝なかったり、テレビを消さなかったり、宿題をしようとしなかったりしたら、親も家庭環境を整えようとはしなくなるだろうし、教師は勉強を教えるよりも行動を正す方に長い時間をかけなくてはならないだろう。どちらか、あるいは両方かもしれないが、遺伝子の受動的あるいは能動的関与は道理にかなっているように思われる。無秩序と学業成績のあいだがどのように遺伝的に関連しているかを、今後の研究で完全に明らかにする必要がある。

一部の心理学研究者と経済学研究者たちは、不利益は単に経済的な資源が欠けているからではなくて、刺激の少なさの方がより重要な原因なのではないかという議論を進めている。これは今後の遺伝を考慮した研究の一つの方向であろう。たとえば家庭訪問を伴うポルテージ式サービスは、現在、特別教育の必要があると診断された就学前の子どもたちだけに提供されているが、恵まれない家庭の子どもたちにも提供されるべきものかもしれない。ポルテージ・サービスの家庭訪問者は、遊びやコミュニケーションを通じて子どもの発達を刺激する有効な方法のモデルとなることに集中することができるだろう。この方法の利点は、試験的運用で評価できるだろう。

　認知能力や学校の成績に悪影響を及ぼす家庭環境のほかの側面は、社会経済的地位の低い家庭では普通に見られるものだが、無秩序と家庭の狭苦しさである（Melki et al., 2004）。米国国勢調査局は1部屋につき1人以上が占める家は狭苦しいと考えていて、2000年の時点では米国の家庭の5％以上がこの基準にあてはまった。2001年の英国の国勢調査では、イングランドとウェールズでは7％であった。この定義では、居間、台所、バスルームと寝室2つの家に6人以上住んでいれば狭苦しいと評価されるが、両親と子ども3人であれば十分ということになる。社会経済的地位の影響を統計的に調整したあとでも、狭苦しい家の子どもたちは高レベルのストレスや行動上の問題や認知能力の発達の遅れが見られた。狭苦しい家の親たちは子どもたちの相手になってやらないことが多い。研究者たちは、子どもたちが親たちの関心を引くために絶えずうるさく要求するので、親たちは意図せずに子どもたちの相手をすることを避けるためではないかとの仮説を立てている。最近の研究によれば（Evans et al., 2010）、子どもが幼い時代の住居の込み具合によって3歳時の認知能力の発達状態を予測できるし、この関連は主に十分に子どもたちの相手をしない母親たちによって生み出されるという。子どもたちにとって親の反応が重要であるし、混み合っている家庭も託児所も有害である。

　無秩序は混み合っていることや社会経済的地位と関連している。しかし研究によれば、統計的に社会経済的地位を調整してもなお、無秩序は学業成績と関連していた。学校で成績の良い子どもたちの家庭は比較的静かで規律正しく、規則的な毎日を送るところが多かった。やかましくて無秩序な、でたらめな家庭の子どもたちは新しいことを勉強したがらず、学校の勉強に対して期待も少なく、辛抱もできない傾向にあった（Brown and Low, 2008）。子どもたちが自分の家庭は無秩序だと受け止めているほど、彼らの学校での成績は悪くなる。

援の第一の候補であるべきである。そして、米国でのヘッドスタートや英国におけるシュアスタートのように、ある程度の支援は提供されている。けれどもこれらの計画は、子どもたちのIQを長期にわたって改善することに失敗しており、脆弱である。現在は世界的な不況の時代であり、多くの領域で予算カットが行われていることも憂慮される。さらに、これらのプログラムは最も弱い家庭に正しいタイミングで正しい方法で提供されていないのではないかという議論もある。実際、シュアスタートが適用されているグループは、優秀な家庭であったり、中産階級の母親やその子どもたちであったりして、本来援助を必要とする不利な環境にある家庭が少数派になっている。

このような問題があるにもかかわらず、解決策を見出すことはできる。恵まれない環境にある子どもたちの機会を平等化するための、また、生涯にわたって生み出される成果を改善するための、子どもたちに投資する戦略である。これはノーベル賞受賞者のシカゴ大学ジェームズ・J・ヘックマン経済学教授によって提唱されている。ヘックマンは、彼の言う人間の不平等の起源と改善に関心を持っている。この主題について書いた論文の中で、彼は述べている。

> 不利な環境にある子どもたちに投資することは公平と社会正義をもたらし、社会全体としての経済と社会の生産性を推進する、希有の公共政策である。
> (Heckman, 2006)

ヘックマンは幼児への投資が少なすぎるという説を支持する経済学的な議論をしている。彼は幼児期の社会政策について一連の核となる概念を述べているが、これらはいずれも遺伝的な意味を持つ。第一に遺伝子－環境相互作用が脳の構造や技術の習得に影響することである。言い換えると遺伝子と経験のダンスは脳の発達を変える。脳は幼児期には可塑性に富み、とくに環境に対する感受性が強い。第二に技術の熟達には階層的な規則がある。次のレベルの技術に進む前に基礎的な技術がマスターされなければならない。この概念は第2部における我々の教育に対する提案の中心である。第三に技術は相互依存的であって、経験によって影響を受ける。そして、第四に脳には可塑性が最も高い感受性期がある。ヘックマンの4つの概念は共通環境の影響は就学前の時期に最も影響力があるという我々の行動遺伝学的知見に見事にあてはまる。

我々はすでにヘッドスタートやシュアスタート計画は、長期間のIQ改善には役に立たないところから、計画としては失敗であるという問題に触れた。し

今まで家庭環境とくに社会経済的地位が、子どもの学校での成績に影響を及ぼすことを見てきた。それでは遺伝を考慮した教育システムは、この問題をどう解決するだろうか？　第2部では家庭と学校のあいだの隔たりに橋渡しをする抜本的な、新しい方法を提案しよう。それは教師が一人一人の子どもに働きかけることを支援する方法であり、家庭での平等な機会を用意することを励ます方法である。現実と遺伝子－環境相互作用の影響力を考慮して、子どもたちのレベルに応じた、学習への関わりと意欲を引き出すための方法である。この方法は教師の負担を減らし、傷つきやすい子どもたちの達成レベルを高めることができるだろう。この章の後ろの方で、この方法のアイデアの一部を述べたい。

社会経済的地位が次世代に引き継がれるとはどういうことか？

　社会経済的地位は環境と遺伝子の影響を受けるわけだが、社会経済的地位と学業成績の関係は一部は遺伝的影響を受ける。2つのものはDNAでつながっている。つまり、学校でうまく行かなくて社会に出てからも低い地位のままだった親の子どもたちは、環境的理由と同じく、遺伝的理由でも親に似るのである。要するに低収入の家庭（シュアスタートとヘッドスタートの対象となるような家庭）の子どもたちは、遺伝的にも環境的にも弱いのだ。したがって問題は社会のより傷つきやすい構成員を支援し、最も支援を必要とするベル型曲線の左端（最底辺）からの脱出を促進するには何ができるのかということである。我々は決定的な答えを持ち合わせていないが、暫定的な助言をすることはできる。そしてこの問題は、明らかに答える必要のある問題だと断言できる。我々は不利な条件に置かれた子どもたちはいろいろな点で平等な機会が与えられないことを見てきた。明らかに不平等な事実である。低い社会経済的地位にはまり込んでいる家族の問題に取り組む方法の一つは、最も弱い家族のための機会の均等化に焦点を当てることだろう。けれども、この方法は非常に有効ではあるが、社会経済的地位や達成度が次世代に引き継がれることを減らしはしない。むしろ、新しい機会に接することの方が、もし機会がなかったら眠ったままであろう生まれつきの能力を育むかもしれない。

　文字どおりの、あるいは比喩的な意味での貧しい環境で育てば、親の社会的地位のゆえに、個人の能力や社会的経済的な力を伸ばすことが難しくなる。したがって社会経済的地位の低い家庭は、追加の資源や注意深く狙いを定めた支

かしヘックマンは、この解釈は大局を見失っていると言う。自説の説明に彼はペリー・プレスクール・プログラムについて述べている。これは1960年代の初めに2年間にわたって行われた、3歳と4歳のアフリカ系アメリカ人で学校に行ってもうまくいかないだろうと判断された恵まれない子どもたちへの実験的介入研究である。これは症例対照研究であって、被験者の子どもはウィークデイは毎日午前中2時間半、保育園に通園し、午後には週に1回1時間半、教師の家庭訪問がある。このプログラムは母親に子どもの教育に参加してもらい、家庭で就学前のカリキュラムを実行することを助ける目的で計画された。子どもたちは型通りの指示ではなく遊びを通して学習し、非認知的な技術の発達に注意が向けられた。10歳までは被験者の子どもたちのIQは対照群の子どもたち〔訳注：このプログラムの介入を受けなかったこと以外は同条件の子どもたち〕のそれよりも高くはなかった。しかし彼らの学校での習熟度テストの成績は著しく良かった。なぜならヘックマンによれば、彼らは学習意欲が旺盛だったのである。学業成績は認知能力よりも遺伝性が高い（そして遺伝子－環境相互作用は遺伝性の中に隠れてしまう）ことを考えると、このことは興味深い。このプログラムはIQには長期的効果を及ぼさない。けれども学業成績や幸福度に対する効果は著しい。この子どもたちには40歳になるまで追跡調査が行われ、被験者の子どもたちの高校卒業の割合は高く、高い給料、高い持ち家率が認められた。生活保護給付を受ける者も、犯罪をおこす者も、対照群の子どもたちよりも少なかった (Schweinhart et al., 2005)。要するに、彼らは対照群よりも高い社会経済的地位を持ったのだ。彼らの生まれついた社会的地位ではなく、彼らの新しく改善された社会経済的地位が、彼らの子どもたちの達成度を予測する。社会的流動性が高まったのである。彼らの遺伝子が彼らの親の遺伝子と類似していることに疑いはない。けれども環境は、ある意味、彼らを援助するように働いたのである。新しい経験が与えられ、彼らの遺伝子は経験と共同して建設的に作用したのである。

　行動遺伝学的研究は、子どもたちの達成に対して共通環境が影響を引き起こす時期は就学前であるというヘックマンの議論を支持している。この達成はおそらく、自信や意欲や望みによって喚起される。この時期以降、共通環境の影響は弱まっていく。また、次のようにも言うことができる。社会経済的地位に関連して恵まれない子どもたちにチャンスを与えるものの一つは、配慮が行き届いた、子どもによく応答する子育てである。就学前プロジェクトは、ペリー・プレスクール・プログラムで経験したように、このことに焦点を当てている。

恵まれない子どもたちのいる実際の家庭環境に、教育者が介入して教育を持ち込むのは費用がかかるかもしれない。しかし先ほどの証拠が示すように、人生の中でその費用は十分元がとれるのである。就学前の時期に生まれつきの能力を育むということは、社会の流動性を高め、個人の能力を引き出すための戦略として、さらなる考察が必要である。

学校の質

うまく行っていない学校は、たいてい貧困地域に位置している。学校の質は社会経済的地位と密接に関連している。英国ではこの問題は競争政策と教育の市場化につながった。親は子どもが通う学校について選択肢、少なくとも選択できるという幻想が与えられる。研究者たちは一様に、このやり方は不平等問題の解決策としては失敗だと結論した。実際、社会の階層のあいだのギャップを埋めることと逆の作用をしたのである。中産階級の人々は購買力旺盛で、このゲームを戦う能力も持っている。転居したり、家庭教師を雇ったり、教会に頻繁に姿を見せたり、書類の要求に上手に答えたり、子どものスポーツや音楽の能力を伸ばしたりして、選んだ学校にうまく合格する。学校の選択や生徒の構成と関連した学校の質や社会経済的背景に応じた学業成績についての研究でも、同じ結論が得られた。肝腎なことはこの場合、機会の多様性は実際は機会をより不平等にするのである。我々の推薦する遺伝を考慮した教育システムについて、あまりに熱烈になったり、万能だと信じない方がいいという我々自身への教訓でもある。

実際には環境の影響としての学校の質についての遺伝を考慮した研究は多くない。けれども、遺伝を考慮していない研究であれば学校の質については多数あって、学校の質は学業成績には全く、あるいはほとんど関係しない、人を惑わすような情報にすぎないと結論している。それで生徒の学業成績が芳しくなく、学校が「失敗学校」というような恥ずかしい名前で呼ばれるからといって、それは必ずしも学校自体のせいというわけではないのである。同じ学校が高い社会経済的地位のある、学業成績を目指すような遺伝的素質を持った家庭の子どもだけになったら、学校の教職員やカリキュラムが同じであっても「失敗学校」と呼ばれる可能性はほとんどないだろう。けれども環境は困難かもしれないが、貧困地域にあるこれらの学校が生徒により良い教育をうまく与えることができていないのは明らかである。

1966年に出版された画期的な論文、コールマン・レポートは圧倒的な700ページに及ぶ米国における教育の平等性の探求報告である。社会学者のコールマンは、生徒の背景と社会経済的地位は学業成績に関して、学校資源の違いよりもはるかに重要だと結論づけている。報告は現在英国で運営されているアカデミーやフリースクールのような費用のかかるやり方とは違って（このようにお金をばらまいて一律に生徒1人当たりの支出を増やしても何の違いも生み出さない）、学校に介入するよりも家庭に介入すべきだと提言している。TEDS双子研究においても、子どもの学業成績の違いについて学校の質はごく一部しか説明しないことが認められている。成績に大きく影響する因子は、家庭の社会経済的地位である（Walker, Petrill, and Plomin, 2005）。

コールマン・レポートは教育資源は相違をもたらさないにしても、教師の質が子どもの成績の違いに影響するかどうかについては議論の余地を残している。この点については経済学や心理学や社会学の研究者によって支持されている（たとえば Hanushek, 2010）。教師の質は、同じ学校の中でも異なりやすい。自分の子どもが同じ学校で同じクラスのまま学年が持ち上がって行ったとしたら、親は誰でもそのことに気づくだろう。さらに、最高の教師であったとしてもすべての子どもにとって同じように効果的ではないだろうし、教師が一人一人の必要に完璧に対応できてクラス全員を指導できない限り、遺伝子－環境相互作用が働くだろう。教師がそうした完璧な対応ができればもちろん理想であり、それに近づくように努力しなくてはならないだろう。遺伝的ではない研究の結果では、教師の質は学校の建物や教育設備や複雑な入学システムなどよりもはるかに重要である。これらのことから明らかなメッセージは、親と子どもの、そして教師と子どもの積極的な学習に焦点を当てた介入が、最も成果を期待できるということである。

教師や親のような大人と、彼らが教え養育する子どもたちとのあいだが近づくことによって、遺伝子－環境相互作用が豊かになり、子どもたちにとっては自分のいる環境を学び、そこで自分たちの必要や能力を知るような豊かな土壌が生み出される。社会経済的地位は問題であって、教育の平等化を図る政策においては必ず取り組まなくてはならない。学校の質は全く問題にはならないが、遺伝子と経験のあいだ、母親と言葉を覚え始めた幼児のあいだ、あるいは教師と数学嫌いの生徒のあいだの接点は重要である。これらの知識は教育学、経済学、社会学研究と、さらに我々の研究から導き出されたものであり、すべての生徒たちに平等な機会を与える、遺伝を考慮した教育システムの我々のバー

ジョンを計画するときに銘記すべきことである。

　覚えておいていただきたいことは、社会経済的地位は学業成績の予測因子であり、遺伝子の影響を受けるが、貧困の影響を打ち消し、悪い刺激や家庭内の混み合う状況や混乱の影響を減らすよう環境への介入を行うことが、すべての子どもたちに平等な機会を提供すべきとするならば、前進するための最善の方法である。

11章　遺伝学と学習 ── 重要な7つのアイデア

　行動遺伝学は学習と行動に関して、この本に書くことができるよりもはるかに豊かな知識を見出してきた。ここでは、学業成績に最も関連した強力な証拠について論じることにしよう。これらの知識を総合すると、7つの強力な原則にまとめることができる。この章のタイトル、「重要な7つのアイデア」である。これらの原則に基づいて、第2部では遺伝を考慮した教育システムを構築してみよう。

アイデア1：成績と能力は、一部は遺伝的な理由のため多様である

　これは我々のすべての研究の心臓とも言うべき事実である。もし一般認知能力の平均値あるいは英語や数学や科学の試験の平均点を確認するならば、そのテスト対象人口の50％はそれ以上になり、残りはそれ以下になる。これらの能力が正規分布するという事実は、人々は予測できる範囲内で平均値の上と下にばらつくということを意味する。平均値を改善したとしても、人々のあいだの違いは減りはしない（統計学的には分散として知られている）。個人として正規分布のどこになるかは、DNAが中等度から高度の影響を及ぼす。あまりに多くの教育政策において、平均以下の成績をとる人を「失敗」と解釈している。しかしこれは、統計学的にも生物学的にも、根本的な誤解である。国の教育システムがこの事実を認識して考慮しなければ、個人にとっても社会にとっても何の違いも生み出せず、お金と人員の無駄使いを続けるだけだろう。成績と能力は多様である。一部は遺伝的な理由のために起こる。そのことを受け入れることが、より良い学校システムの基本である。すべての子どもが受容可能なレベルまで教育できたあとは、この多様性を育てることが学校の仕事である。すべての子どもにすべてのことがらで同じ点数をとらせようとするのは無意味である。

アイデア2：異常は正常である

　たとえば読書、作文、数学、科学、スポーツのような人間の能力（または能力の欠如）、あるいは、うつ、肥満、問題行動や喘息のような特質を説明できる単一の遺伝子は、決して見つからないだろう。人間の行動は多数の遺伝子と多数の経験の影響を受けており、一つ一つは弱い効果しかない（QTL仮説）。遺伝子と経験は無数の方法で組み合わさって我々が何者であるか、何を行うかに影響している。あちこちの特定の遺伝子のスイッチをオンにしたりオフにしたりすることで賢くなったり、失敗したりするように調整することなどできはしない。というのは、対立遺伝子の違いと経験の全体的な違いによって、異なる人々には異なる影響が及ぶからである。

　QTL仮説は読書や数学などの教科で能力が低くても、そのことは正常範囲や高いレベルの能力と遺伝的に異なっているのではないと説明する。数学の教授と数学の基礎試験に合格するために悪戦苦闘している若者の数学能力に影響する遺伝子群は同じものなのである。もっとも、遺伝子そのものの多様性は必ずしも同じではない〔訳注：たとえば数学の能力に関連する遺伝子はa, b, c, … s, t, u, … というようにきわめて多数あるだろう。その、aにはa_1, a_2, a_3というサブタイプがあって、a_1遺伝子型では特定の領域の核酸が …GAT…となっていて、a_2遺伝子型では…GAA…となっているとする。このような違いが他のb, c, … にもおそらく存在する。したがって数学教授と数学が苦手な学生の遺伝子は同じであっても、遺伝子の型はさまざまに異なっていて、その違いが多数合わさって、数学の能力に関連するだろうという議論である〕。このことは、学習に苦闘しているレベルと優秀なレベルのどちらにおいても、特別な教育が必要であるという判断をどう行うか、そもそもそういう判断をするかどうかに重要な違いをもたらす。このことは、こういった子どもたちに対して教育をどのように適合させるか、教育資源をどのように用いるかにも影響する。たとえば、よく考えられた教育による介入が成績の悪い子どもたちだけを対象にしていたら、ベル型カーブの最上部と最低部は少しは近づくかもしれないが、全体の平均にはたいして影響しないだろう。

アイデア3：連続は遺伝により、変化は環境による

　これまで行動遺伝学的研究は、たとえば7歳のときの成績や能力に影響する遺伝子は、その後も成績や能力に影響することを示している（しかし科学についてはこの点に関して他の教科ほどあてはまらない）。これが意味することは、もし遺伝子だけが関係しているなら（遺伝決定論者はそのように考えたがるのだが）、子どものときのテストの成績から思春期や成人してからのテストの成績も高い信頼性をもって予測できるということだ。テストの成績で、もしかしたら人生のさまざまな成果も予測できるかもしれない。連続は遺伝によるので、遺伝情報から予測ができそうだということは事実である。だからこそ我々は登場しつつあるバイオテクノロジーやラーニングチップの可能性について真剣に考えるべきなのである。しかし予想の正解率は、100％には常にはるかに及ばない。環境が直接あるいは遺伝子と相互作用して、変化要因として作用するからである。もし子どもが以前は学校での成績が良かったのに、それまでとは違って成績が悪くなり始めたら、原因はほぼ確実に環境である。生徒の成績や行動の劇的な変化は実際、変化の社会的な原因を明らかにするために、非常に重大に扱われるべきである。そして子どもの成績や行動が問題になる場合は修正を図り、成績や行動が良くなっているのならば、子どもを励ますのである。植物の成長が、違う気候に植えられたり、違う庭師の手入れを受けたら異なるように、人間の場合も同じである。遺伝子を理解し、遺伝子の効果の持続を信頼することで、比較的に予測しにくい環境の影響と、環境と遺伝的な個性の建設的な作用に集中することができる。

アイデア4：遺伝子は万能選手で環境は専門家である

　行動遺伝学の証拠によれば、同じ遺伝子が認知能力と学業成績の広い範囲にわたって関与している。この概念は一般認知能力（g）について考えると理解できるだろう。gを認知能力の尺度と考えた場合、gに影響する遺伝子は学業成績、たとえば読書、作文、算数にも影響するであろう。研究はすでに、この説を裏付け始めている。もし認知能力と学業成績に関連するものが遺伝子だけなら、各能力は現在そうであるよりもはるかに均一だろう。
　環境が専門家であるということは、学校と教師にとってきわめて重要な事実

である。たとえば科学のような特定の科目では、経験が生徒の能力を引き出したり、高めたり（あるいは損なったり）しうるが、同じ経験が数学においても同じ効果を引き起こすと信じる理由はない。子どもたちを教育する単一の決定版と言える方法はない。子どもたちが違えばもちろん、教科が違っても、教え方は異なるのである。親であれ教師であれ、教育に関わる者には遺伝的に子どもに備わった能力を最大にするだけの力がある。しかし、そのことを行うためには、正しいボタンを探して押す必要があるし、生徒たちに自分たちのボタンを見つける十分な自由を与えなくてはならない。

アイデア5：環境は遺伝子の影響を受ける

　遺伝子－環境相互作用についての我々の理解は、今後数十年間のうちに指数関数的に発展するだろう。たとえば、エピジェネティックスと呼ばれる領域では、興味深い進歩が起こっている。これはDNAに起こる化学的な変化が遺伝コードそのものには影響を与えないで遺伝子の発現を変える仕組みである。けれども我々がすでに知っていることは、我々の経験は遺伝子－環境相互関係を介して遺伝子の影響を受けるということである〔傍点は訳者〕。環境は遺伝子と無関係には働かず、遺伝子と組み合わさって作用するのである。同様に、遺伝子も環境と無関係には作用しない。したがって、教育関係者は遺伝子がすべてを決定するなどと恐れる必要はない。その代わりに、教師は想像上の白紙の上に偶然に何かを書きつけるのではなく、子どもの持つ遺伝的な能力を引き出すことを考えるべきである。

　教育的介入につながるとくに興味深い研究領域は、能動的遺伝子－環境相互関係である。これは個人が自分の遺伝的性向にしたがって自分の環境を選択するということである。この相互関係が環境と個性あるいは気質、IQ、意欲、自信などの結果とのあいだを仲介する。これらは環境が次世代に引き継がれる（育ちが氏になる）と我々が考える理由である。これらのプロセスを理解することは、学校における個別化を大きく推進するだろう。我々の研究チームがこの領域に大きな貢献することを望んでいる。

アイデア6：一番重要な環境は個人で異なる

　乳児期と幼児期ののち、最も重要な環境とは、客観的にその子どもにユニー

クな環境である場合もあれば、同じ家族の中で育つきょうだいに共有されているが、一人一人の子どもには異なった影響を与える環境という場合もある。遺伝的には同じ双子が同じ家庭で育って、同じ教室で同じ教師から教育されても、双子たちは彼らの学習環境を異なって受け取る。また、学校において、一人一人の子どもの学習環境を個別化して、子どもの能力を引き出すような新しい方法を考えるとき、主観的で個人的な経験が非常に重要であることも論じてきた。常にそうなのだが、焦点は一人一人の子どもに当てられなくてはならない。問題にではなく、子どもに、そして何がその子どもにとって有効なのかにである。教育に関連するさまざまな行動がいかに遺伝的であるのかを問うとき、我々は常に、非共通環境が遺伝以外のばらつきを説明することを見出してきた。今こそ、どんな特定の経験がどの子どもたちに違いを作るのか、はっきりさせるべく研究を進めるときである。

アイデア7：機会均等のためには機会の多様性が必要である

我々すべてが完璧に同じように扱われる世界はユートピアであろうか？　たとえば、我々皆が広い並木道に沿った大きな快適な家に住んでいるとしたら、同じく有名な優秀な学校に進んだとしたら、そして家庭の収入が同じだとしたらどうだろう？　我々は皆似てくるだろうか？　そうはならないだろう。生活様式を同じようにすることで表面的には類似するだろうが、人口の50％は残りの50％に比べてやはり優秀で認知能力にも長けているだろう。学業成績を含む特定の行動はその人口全体として高められるかもしれないが、ベル型カーブのかたちはそれほど変わりはしないだろう。成績の良くない、カーブの左側にいるグループは右側にいる優秀なグループとは相変わらずかけ離れているだろう。すでに指摘したように、いくつかの変化は2つのグループのギャップを少しだけ埋めるかもしれないが、さらに、経験の均一化は、現在よりも遺伝の役割を高めることになるだろう。もし、育ちがすべての人にとって同じならば、人々のあいだの違いに環境は何の影響も及ぼさなくなる。氏（遺伝子）だけが違いを作る。教育により多くの選択肢を導入することによって、我々は学校を生まれつきの能力が完全に発揮できる場所に作り上げることができると信じる。

第2部では、これらの7つの重要なアイデアを一連の検証可能な政策案として現実に応用することを考える。そして遺伝を考慮した学校の案を提言する。

しかし、まず最初に、教育の個別化にすでに利用可能ないくつかの方法について論じたい。

第2部
実地に応用する

12章　個別化の実際

　さて、あなたは30人の生徒を受け持つベテラン教師だとしよう。しょっちゅう政府が言ってくるさまざまな命令、こうすべきであるとか、このようなやり方でするようにとか、そういったことに少しあきあきしている。だが、基本的には、自分が選択してきたキャリアに満足している。今は金曜日の午後で、週末の期待であなたは陽気に口笛を吹いて荷物をバッグにまとめ、最後の教室の片づけをしている。そこへ校長がひょいと入ってきた。すぐに心の警戒のベルが鳴る。校長は今まで決して、何もなしにひょいと入ってきたことはない。例外はないのだ。校長は新しい教育方法の試み、つまり、あなたやあなたの同僚が受け持ちクラスの教育と学習環境をどう効果的に個別化するか、定期的に観察し評価するという試みに同意したことをあなたに告げたいのだ。

　校長はまるで、あなたに大きな蘭の花束をプレゼントするような微笑みを浮かべて、あなたの「個別化改善計画」を半学期のうちに（あとわずかに2週間しか残っていないのだが）、私の机の上に置いておいてね、と伝える。あなたも微笑んで、「わかりました。どうぞ良い週末を！」と答える。けれどもそのあいだじゅう、あなたの頭の中は悪口で一杯になっている。

　それから30分のあいだ、あなたはぼんやりと自分の髪の毛を引っ張りながら、隣の部屋の教師にぐちを言い、その日何とか我慢していたビスケットを食べる。あなたはすでにベストを尽くしている。いったい、彼らは何を望んでいるのか？　もし、あなたが、30の違う授業を一度に教えることができるなら、それはすごいことだけれど、どうしてそんなことができるなんて思うのだろう？　クラスを思い起こすと、ダニー・ハードキャッスルは数学がやさしすぎて死にそうで、あなたが時間を何とか作って新しいことを教えてやらないと何も一生懸命やろうとしない。ミリー・ブラッケンはというと、まだ上手に読むことができないし、他の子どもたちから赤ちゃんの本を読んでいるとからかわれている。ブルーのテーブルの子どもたちはふざけあってばかりで、この数週間、誰ひとりちっとも何も進まなかった。あなたが一つの問題に取り組むと、

すぐにいくつか別の問題が出てくる。あなたは重い気持ちをかかえて、とぼとぼ学校をあとにする。いやな月曜日が待ち受けている。

それでは、教育と学習をより個別化するにはどうしたらよいのか？

　現在、最も明らかな解決法は、コンピュータの利用である。教育と学習を個人に似つかわしいものにするためにテクノロジーを利用することは、これまでも議論を呼んできた。その恩恵はまだ明らかになっていない。しかし実際上の可能性という観点からは、コンピュータを否定するのはきわめて難しい。子どもたちの技術と理解とを正確に測定し、正しく適合化して対処することができる技術と考えるのは魅力的である。

　一部の人々は、生徒たちがコンピュータをふだんから使うという考えが嫌いである。彼らは、コンピュータを現代の必要悪と考える。補助的な調査にはいいかもしれない。「グーグル」は今日の子どもたちにとってはほとんど動詞である（ググる）。でもそれ以上のものではない。コンピュータを装備することで熱狂した教室が、まるでロボットたちの列が一斉に各自の画面を見つめている、そんな退屈で活気のない場所になるのではないかという恐れがある。英国で尊敬を集めている教育評論家のフィル・ビードルは次のように言う。「生徒を励ます教育は感覚的な喜びである。コンピュータをもてはやすのはこのような教育の否定であって、馬鹿馬鹿しい。」彼の恐れるところはこうである。「もしコンピュータを教育の個別化に用いることができるとしたら、ついには学習をサポートするのは人間である必要はなくなるだろう」（Beadle, 2008）。励ます教育が感覚的な喜びであるということには賛成する。しかしコンピュータを用いると必ずそのような喜びを排除することになるとか、コンピュータは学習のサポートに人間を不必要にするとかいうことには反対である。コンピュータによる個別化は学校のスタッフをサポートすべきであって、スタッフに置き換わるものではない。それでも心得違いの政治的な計算だけする人間は、コンピュータによる人間の置き換えを考えるかもしれないが。

　もっと深刻な問題は、たとえ十分に個別化しても、コンピュータに基づく教育はまだ学業成績の点数を高めることが証明されていない点である。実際、2010年の米国連邦報告によれば、彼らの評価ではコンピュータに基づく教育プログラムでは生徒のSAT試験〔訳注：Scholastic Assessment Test、大学進学適性試験〕の成績については「全く効果がなかった」。教育にとって、新しい

介入法が証拠によって有効性が証明されることが大切だ。コンピュータに基づく個別化学習法は、まだ高いレベルの科学的証明としては不十分なのである。それにもかかわらず、コンピュータが有用だろうという楽観論には理由がある。たとえば教師や学校や学区を対象としたケーススタディの点数を見ると、理解、楽しさ、能力の点で改善が報告されている。まだ研究が、教師が教育現場で見ていることをとらえていない可能性がある。

　今までのところ開発されたソフトウェアが科学的な証拠に基づいていないことは残念である。けれども、これは急速に改善されるだろう。コンピュータによる教育支援を放棄するよりも実行する方がずっと効果的である。強力な科学的証明がなされるまでは、このようなやり方について我々は注意しつつも熱意をもって助言するとともに、熱狂的な興奮に陥ることなくソフト改良のための財政的支援も勧告したい。個別化技術は現在進行中である。この方法は現在実施可能ないかなる方法よりも、真に個別化した教育を行うだけの力を持っている。だからこそ、改良のための時間と資源とが与えられるべきである。

　コンピュータとソフトはうまく使うと、教師とティーチングアシスタントを自由にしてくれ、彼らがもっと効果的に一人一人の生徒を支援することを可能にする。この方法は、たとえば数学のような客観性の高い教科ではおそらく最もうまくいくだろう。我々はすべての教科にコンピュータによる支援を持ち込むべきだなどとは少しも思わない。我々が知る限り、最も優れた数学教育プログラムはピッツバーグのカーネギー・メロン大学の研究者たちとカーネギー・ラーニングによって開発されたものである。前述の米国の連邦報告によると、このカーネギー・プログラムでは統計学的に有意な生徒の成績の向上は認められなかった。しかし、これを用いたたくさんの学校が有用性を認めている。たとえばルイジアナ州の数学教師クリスタ・メイジャースは、数学に苦労している生徒にこのプログラムを学ばせた経験をカーネギー・ラーニングのホームページに書いている。

　　このプログラムを試験的に用いるクラスに参加した生徒は、最初の1年のうちに普通クラスの子どもたちに追いつくことができました。2年目はカーネギー・クラスに参加しなかったのですが、1年目と同じように順調に成績が向上しました。通常クラスの生徒の大半は以前と同じ程度の成績か、ずっと遅れてしまうかでした。

この方法を経験的に支持することになるのかどうか、明確な研究がなされなければならない。けれども現在のプログラムには実績があると思われる。やがては研究の結果、改良が加えられて、教育と学習の戦略モデルとなるだろう。個々の発達に反応しうるプログラムの能力は興味深い。そのようなソフトがついには、1章と2章で述べたラーニングチップ技術と相互作用できるようになると予測することも根拠なしとはしない。実行されるべき研究があるが、それはやる値打ちのある研究だと信ずる。

　カーネギー・ラーニングは、カーネギー・メロン大学の認知科学者のチームとベテランの数学教師のチームの共同作業によって作られた。設立者の一人はACT-R（思考の適応制御－理性）として知られる心の作用モデルの開発で有名な、ジョン・アンダーソン教授である。ACT-Rのような認知構造の目的は、心の働きを生み出す基本的な認知と知覚の過程を定義づけることである。ACT-Rはこのことに成功した。それは数百の研究によって確認されている。この心のモデルは「認知チューター」ソフト（内蔵されたACT-Rモデルによって使用する生徒の行動を模倣できるソフト）を用いることによって、カーネギー・ラーニング数学プログラムの有効性を証明している。したがって「認知チューター」ソフトは学習を個別化できるし、特定の子どもが持つだろう困難さを予測することができる。

　数学の進歩や学習や修得のペースは生徒によって異なるが、このような個人の違いを認識することで、この人工知能に基づくアプローチはクラスの一人一人に個別化した数学の学習環境を提供できる。生徒が苦労していたり、しっかり理解できていなかった場合、ソフトはそれを認識して、よく理解できていない領域に焦点を当ててプロンプト〔訳注：コンピュータ画面上でのユーザーへの入力指示記号〕を個別化し、課題が理解できるまで、または技術が習得できるまで、順次理解できるような新しい問題を準備するのである。ここでは手を上げる必要はなく、わからないところがあってもぼんやり待つこともなく、「これはわからない」と言ってあきらめることもない。ソフトはやさしく生徒を導いて、はまったわだちから救い出すことができるし、生徒を援助して励ましてくれる。ちょうどゴールを目指して能力を発揮しようとする個人的なトレーニングのようなものだ。

　カーネギーの数学プログラムは前述のように認知科学の知識に基づいているが、これはまた、スタンフォード大学のキャロル・ドゥエック教授に指導された思考態度と意欲に関する多数の研究を利用している。7章で我々は、子ども

たちの意欲と自信を作り上げるために褒めて激励する過程での、この思考態度研究の意味について論じた。カーネギーのソフトはドゥエックの見出したことを利用して、「認知チューター」ソフトが生徒にできる個別化した働きかけと同じようなことを行っている。

学習するのに適切な「思考態度」

　ドゥエック教授は著書や講演や論文の中で2種類の「思考態度」について述べている。固定された思考態度と成長する思考態度である。多数の実験を経て、ドゥエック教授と共同研究者たちは、成長する思考態度がどのようにして誰にとっても良い結果を生み出すかということと、重要なことであるが、どのようにして成長する思考態度を教えることができるかを示してきた。この研究を踏まえると、カーネギー・ラーニング・プログラムによって生徒にもたらされるフィードバックは、数学の成績を向上させる刺激としての成長する思考態度を生み出すために特別にデザインされたものだと言える。

　固定された思考態度をとる人々は、知能と能力は生まれつきのもので変わることはできないと信じている。これは次のような信念にもつながっている。「生まれつき賢かったり能力のある人たちは、何かに挑戦する必要などない」とか、「もし私が失敗したら、人々は私のことを見くびるだろう。」ドゥエックと彼女のチームは、大人も子どもも、このような思考態度の人は、生まれつきできないことは習ってもできないと思っているため、挑戦を尻込みすることを再三再四示している。努力することは自尊心を傷つけるので、彼らは努力したがらない。今いる快適な場所から動くことは、彼らが失敗と見なすもののリスクを高める。これは耐えがたいことである。このことはおそらく、英語が非常によくできる一部の生徒が、なぜ数学では自分には能力がないと言うのかを（そしてその逆も）説明している。彼らの自己概念は、努力なしには成功しないという事実に耐えられないのである。「何でも屋遺伝子」仮説の示唆するところでは、非常に英語の成績が良い生徒は少なくとも数学もまあまあ良いだろう。けれども、そういう生徒が固定された思考態度を持っているなら、能力がないからダメだと考えてしまう。非凡というレベルに達しないからである。結果的には、このような人々は非常に優秀で能力があっても、持っている能力を発揮しないまま生活を送るだろう。

　生徒の多くは固定された思考態度を持っている。なかには小さな頃から持っ

ている者もいる。ドゥエックは、こういう子どもたちはたいてい、周囲の人たちからこの考え方を学んでいると言う。親からだったり、大きくなってからは教師からである。けれども我々は、このような思考態度も、遺伝的影響を受ける気質の目印になるのではないかと考えている。将来、我々自身の手で調べてみたいと思う。一部の人々にとって成長する思考態度を伸ばすのは、遺伝的また環境的な理由で難しいということがあるかもしれない。しかしドゥエックは、固定された思考態度を持つ子どもが成長する思考態度を身につけるように援助するたくさんの優れたアイデアを持っている。そのアイデアに基づいて、彼女は『脳科学（Brainology）』という教育ソフトを開発した。このソフトは、一人一人の生徒の成績を上げるもう一つの手段である。このソフトは少なくとも一定の時期においては、コンピュータ学習が有益であることを示している。たとえばコンピュータは君だけに話しかける。君は学習をいつでも好きなところで止めたり、繰り返したり、何度でもできる。君はクラスのほかの生徒29人と同じペースを守る必要はないのだ。

　成長する思考態度を持った子どもは、挑戦することが好きである。失敗に対する人々の反応の違いを研究していたドゥエックはそのことに興味を持った。一部の子どもたちが、とても歯が立たない難しい問題に直面したときに、それを失敗ととらえていないことにドゥエックは驚いた。彼らは簡単に解決できない問題に対して失敗という感情を持つよりも、今学習しているという感情を持っていたのである。ドゥエックはこうした子どもたちに対する、自分自身の最初の反応（固定された思考態度）を記載している。「**いったい、彼らはどうしたのだろう？　私は不思議に思った。私は常に、子どもたちは失敗を受け入れることができるか、できないかだと思っていた。失敗が好きな子どもがいるなんて考えたこともなかった。彼らは異星人なのだろうか、それとも何かポイントをついているのだろうか？**」成長する思考態度を持つ子どもは（大人もだが）、勤勉さは報われることを知っている。ドゥエックとチームは、あらゆる年齢の人々に簡単な質問をした。「自分が賢いと思ったときはどんなときでしたか？」固定された思考態度を持つ人は、何にも失敗しなかったときとか、何かを手早く完璧に終えたときとか、他の人ができなかったことを簡単だと思ったときと答えた。成長する思考態度を持つ人たちの答えは大きく異なっていた。以前にはできなかったことに懸命に取り組んで、何とかできるようになったときだと答えた。ドゥエックの発見は、教育と養育においてきわめて重要であると思う。カーネギー・ラーニングのプログラマーたちは、この研究成果を個別

化数学ソフトの設計に盛り込むように十分な助言を受けた。「思考態度」は生徒の学習のきっかけとなるユニークな視点だからだ。

　20世紀末に子どもの発達に関して自信が重要との考えが席巻し、それを多くの親と教師が誤解していることが明らかになった。いつも我々は子どもに、「もう一つAがとれなかったなんて信じられないわ。あなたはこんなに賢いのに！」とか、「あなたには才能があるのよ。もっとずっと良くできるわ！」とか、「チャンスを逃したわね。あなたは簡単に最高点がとれるし、勝たなくちゃだめよ。」こうやって固定された思考態度を励ましている。最初は単に子どもを気分良くしたり、自信をつけさせようとしただけなのだが、うかつにもそのことが、子どもたちが能力を発揮しようとすることを損なっている。もし子どもたちの能力を褒めるなら、彼らは失敗のリスクをとろうとはしないだろう。これはただの意見ではない。ドゥエックは彼女の意見を支持する一連の説得力のある研究成果を持っている。その代わりに、我々は子どもの努力や問題解決の違う方法を試していることや困難を乗り越える方法を探していることを褒めるべきである。もし子どもが課題を早く、完璧に終えたなら、彼らはそこから何も学ばない。彼らにとって課題がやさしすぎたのである。こういったことはいつでも起きる。しかしドゥエックは、子どもにご褒美のシールや証明書をやってあなたたちはなんてすごいんでしょうと言うよりも、先生や親は時間をムダに使わせたことを謝罪し、次回はもっとふさわしい問題を見つけると約束すべきであると助言している。カーネギーのソフトは、そのような子どもたちを自動的に数学の次のステップに導き、そこに含まれる新しい技術を学習するのに必要なサポートを提供する。同様に、このソフトは数学で苦闘している生徒たちを励まし、サポートする。小さなステップを進んだら褒め、頑張りを励ますのである。

　子どもたちはたやすくできるところからちょっとだけ離れたとき、次のステップに行くためには解決法を探して頑張らなければならず、最も学ぶ。固定された思考態度の子どもたちはこれがまるで不愉快で、後戻りしたがる。そこで教師も親も、努力や集中力や根気や、他の、子どもたちがそれまでどうやったらいいか知らなかったことを成し遂げられるということをつかむまで頑張るあらゆる性質を、褒めるべきなのである。カーネギー・プログラムは努力や進歩に焦点を当ててフィードバックし、学習によって脳が変化し成長したかを示す「今日のメッセージ」を通して、成長する思考態度を増進させる。「今日のメッセージ」は生徒たちに、脳は筋肉と同じように訓練で、つまり頑張りと根

気よい持続で強くなる、ということを伝える。カーネギー・ソフトを科学的に高水準な検討に耐えうるように改善する方法の一つは、このようなメッセージをさらに個別化することであろう。一人一人の子どもにさらに正確に個別化した称賛と励ましを与えて、積極的な遺伝子－環境相互作用の引き金を引いてやるのである。たとえば固定された思考態度の子どもたちは、すでに成長する思考態度を持っている子どもたちとは違うアプローチが必要だろう。ある子は他の子と比べて殻を割るのが難しいクルミのようなものかもしれない。そのことを認識して正しく反応できるソフトは、子どもと教育方法両者の進歩を表しているだろう。ドゥエックの「思考態度」研究は、教育において広範な意味を持っている。

カーネギー・ラーニングのACT-Rに基づいた数学指導プログラムは、教育関係者が入手可能な個別化ソフトの一例にすぎない。我々はすべての学校がこのソフトや類似のソフトを急いで購入するようお勧めするものではない。というのも、このようなソフトが子どもの成績向上を客観的に証明することを期待することは少しも不合理ではないが、まだ証明はなされていないからである。けれども、いくつかの学校がこれらのアプローチを試みて、もっと洗練され、評価されることは重要である。このようなソフトは子どもが自分のペースで数学のカリキュラムを学習することを助け、1人の教師だけではできないやり方、つまり文字どおり30人の子どもには30通りの違うやり方で進歩を促すことができるという潜在能力を持っているのは事実である。要するに、このようなソフトは個別化した指導の多くを可能にし、実際に個別化教育を実行できるのである。理想的な社会では、国家レベルでの教育政策決定者はこのようなソフトの開発業者を支援するだろう。たとえばソフトの有効性を評価するために、全国試験とリンクするようにすれば有用であろう。専門技術の向上のための資金提供があれば、教師はこのようなソフトを授業にどのように組み込むかを適切に学ぶことができ、これもまた有用であろう。

コンピュータは個別化の技術を提供するだけでなく、選択肢も、さらに重要なことには教育へのアクセスも提供する。スタンフォード大学教授のセバスチャン・スランは、最近、彼の人工知能の授業を選択した学生はわずかに200人ほどだったと嘆いていた。彼はため息をつき、肩をすくめて何にもしない人ではないので、授業のオンライン版を開発した。始まってから今までに16万人の学生が登録した。スランによれば、彼が創立した私企業のユダシティでは、北朝鮮を除く世界中の学生に11のコースを提供している。彼の費用は学生1

人1コース当たり、およそ1ドルである。現在、ユダシティの受講料、テスト代、修了証書は無料で提供されている。スランの実施しているようなコースはMOOC（大規模オープン・オンライン・コース）と呼ばれていて、増加中である。2012年は「MOOCの年」と呼ばれている。ユネスコのような組織が世界全体の教育の普及の先頭に立つとき、このような計画は進学したくてもできない学生たちに大学レベルの教育を提供する方法として関心を持たれなくてはならない。スランの最初のテストを受験した学生たちの上から410番までの成績優秀者はスタンフォードの学生ではなく、オンラインで受講した、関心を持って学習した人々であったというのは興味深い。教育の民主化においては、コンピュータが中心になるということは非常にありそうだ。これから行われなければならないことは、ソフトと方法の緻密化、妥当性の確立、そして効果の証明である。

学習を個別化するための他の方法

　もちろん、個別化学習はコンピュータに始まってコンピュータに終わるなどということはない。すべての教室で毎日、毎分ごとにどのようなことが行われているか、我々が鳥の眼のように眺めることができるなら、実際の個別化の例をほとんど無数と言えるほど見ることができるだろう。常に、すべての子どもたちの最善を引き出そうとする、たくさんの、素晴らしい、感受性豊かな、高い技術を持った教師たちがそこにいる。困難は、すべての子どもたちを同時に指導できないことである。何が個別の子どもたちのためになるかを見極め、さらに広範に用いることができるか、また、科学的な証明という厳密さに耐えられるかを検証することに焦点を当てる必要がある。計画がこれらの基準にあてはまるとわかったなら、すべての学校、教師、生徒はそれを実践することで大きな利益を得ることができる。我々は自身の経験の中で —— 個人的経験としても専門家としての経験においても —— 実際によく機能する個別化のアプローチに出会った。その方法に基づいて、検証可能な仮説を立てよう。

　ここで、個別化する方法のすべてを集めて、科学的にその効果を検証するためには、一貫した考察がどうしても必要である。米国に基盤のある「どれが役に立つか情報センター（What Works Clearinghouse）」の試みは、まさにこのことを達成しようとしている。この組織は2002年に作られたのだが、教育に関する研究を1か所に集め、それぞれの教育方法が十分な科学的な証拠に基

づいているか、信頼できる程度を明確に表示している。ヨーク大学の効果的教育研究所はこの米国の試みに関連した英国の計画を代表していて、「何が有効か（What Works）」行動課題というものもあり、これは政府も推進しつつある。けれども、このようなシステムはすでにある研究についてのものである。将来性のある教育介入についての優れた研究には補助金を出す責任がある。これらの研究の少なくとも一部は、遺伝が考慮されたものであることは重要だろう。効果についての科学的な証拠を探すことはあまりにも見逃されているステップである。なぜならこれには時間とお金がかかるからだ。4年間の期間しかない政府としては大きくて迅速な、目立つニュースをできるだけ少ない費用で実現することが望ましい。これは近視眼的である。だからこそ、教育は超党派的な分野であって、政府の交代によって中断されないようにすべきである。我々が、何が有効か探して、見つけたものを実行し、必要に応じて長い年月にわたって寝かせておいて発展させることができれば、個人としても社会としても利益を得るだろう。最善を想像して、納税者のお金を使って、教師たちをいらだたせ、難しいからといって開始後すぐに介入を取り下げるようでは実際うまくいかないだろう。

まとめると…

そういうわけで、フラストレーションを感じて学校の駐車場へ足を引きずりながら、自分の「個別化改善プラン」をどうするか、頭を悩ませている我々の教師を見捨てないようにしよう。我々は簡単な一歩を提案したい。ページをめくってほしい。次の章には11個のアイデアが書かれている。我々がこれまでこの本の中で議論して考察してきたすべてが考慮されている。すべてが遺伝を考慮して、可能な限り実用的なものとなっている。これらが合わさって、この国のすべての教室に個別化をもたらす方法 ── 、あるものは古く、またあるものは新しいものである ── を探求している。個別化改善プランとしていかがだろうか？

13章　11項目の教育政策のアイデア

　この章では、我々はこうありたいことのリストを示す。11のアイデアを述べるが、これらは遺伝を考慮した教育と学習について知見をどのように実現するかに関する、我々の現在の考え方を表している。前進するためにはこれらの考え方を試み、効果が確認されることが必要であるが、子どもたちが学び、教師が働き、社会が経済的負担をする学校という場所がより良い空間になるだろうと信じる。

1. コア・カリキュラムを最小限に絞って、基礎的技能をテストしよう

　遺伝的背景：我々はすべて異なる。
　推奨：必修科目は最小限にすべきである（一つのサイズだけではみんなにはフィットしない）。国全体のカリキュラムは読み、書き、計算、IT技術という基礎学力だけに限定されるべきである（社会でうまく生きるのに必要な技術である）。著しく学習困難な子どもたちを除いて、最終の基礎学力試験に合格することが卒業の条件であろう。

　子どもたちが独立した大人になるために必要な学力がある。読み、書き、計算とIT技術である。我々はまた、前の成績が将来の成績を予測することを知っているし、これらの技術が子どもたちの初期の成績を形成していること、そしてほとんどすべての教科の学習の要素であることも知っている。これらの技術なしには、その先のたくさんの経路も子どもたちに閉ざされてしまう。我々はすでに、教育が子どもたちにこれら人生に必要な基礎学力について熟達しているという自信を持たせることができないなら、それは教育の失敗であると明確に述べてきた。けれども、これは「知識」に基づく教育に反対する議論でないことは、後述のアイデアが明らかにするだろう。

遺伝的効果と環境的効果の意味するところは、ある子はこのような技術を習得するのに苦労するが、別の子は他からの助けなしで、ほとんど本能的に簡単に身につけてしまうということだ。けれども、異常は正常ということと、これらの技術を身につけることが困難な子どもたちはほとんどの場合、他の子どもたちと遺伝的に違うわけではないことを思い出さなければならない。この子たちに個別化された手助けをするならば、うまくいかないという遺伝的な理由はない。この子どもたちにはこの子どもたちが理解できるやり方で教育することが必要だ。教育と技術の習得には、論理的で階層的な進歩を達成しなくてはならず、学習の最初の段階で彼らの理解の正確なレベルが評価されねばならない。これらの子どもたちの支援は、すべての学校にとって最優先事項である。

　我々の研究も世界中の教育研究者の研究も、子どもたちは違う方法で、違うペースで学習することを示唆している。（やがてはラーニングチップがこのような違いが生じる原因を明らかにしてくれるだろう。）したがって、すべての子どもたちが一連の基本的技術を獲得できるように計画し、最終的に合格か不合格か判定する資格試験を設定して、子どもが自分で、あるいは教師の判断によって、試験を受ける準備ができていると思われたら、この試験を受験できるようにすることを推奨したい。生徒たちが難しいと考える科目、それが基礎技術の中心的科目であった場合はとくに、生徒の努力を励まして成長する思考態度を推進すべきである。もし生徒たちが今勉強していることは全部やさしいと思うなら、彼らは学習しているのではなく、単に現状を楽しんでいるだけなのである。キャロル・ドゥエックの思考態度研究は、生徒たちが心地よく感じる領域より少しだけ上のレベルをどうやって扱うか学んでいるときこそ一番よく勉強できていることを示している。この理由から、生徒たちが義務的な基礎学力試験にとっくに合格したとしても、生徒たちは全員、読み書き計算の技術をさらに伸ばし続けるだろう。

　この資格試験に合格するための適切な最低限のレベルをどこに設定するか、我々は意見を求めている。一部の非常にできる子どもたちはすべての基礎的な技術レベルと最終試験を早く終えて、さらに難しい読み書き計算のクラスに進むだろう。けれども別の子どもたちは、彼らが受ける教育期間中ずっと、基礎事項を学んで定着させることに費やすだろう。卒業するための唯一の条件は、最終基本技能試験に合格することである。試験の結果、ごく一部の子どもは留年することになるかもしれない。我々は、生活に必要なこれらの基礎的技術に習熟することは、生徒たちを雇用者にとってより魅力的に見せるだろうし、と

くにそれほど勉強したいと思わない生徒たちの場合は、生徒たちの生活の質に広い範囲にわたって肯定的な影響を及ぼすだろうと信じる。そうであるから我々は、単純に、最も支援が必要な子どもたちに最大の支援が提供されるべきであり、そしてその支援は彼ら一人一人の必要に応じて注意深く個別化されなくてはならないと信じるのである。

2. 選択肢を増やそう

遺伝的背景：遺伝子－環境相互作用は選択によって変わる。
推奨：すべての生徒たちが受講する科目の選択肢の範囲を広げて、教師に授業をする上でのさらなる自由を与えよう。

　すべての学校に対して、義務的な基礎教科と並んで、非常に広い範囲の選択肢を提供することを推奨したい。生徒が成長するにつれて、生徒の情熱と才能にかなうよう教育に軽重をつけることは遺伝的にも有用と我々は考える。小学生にとっても選択ができ、自分の教育を目指せるよう、より広い機会を与えるべきである。たとえば、音楽やゲームのデザインやスポーツや歴史や天文学や芸術に対する才能や興味を伸ばしつつある子どもには、この才能や興味をさらに伸ばすために、登校日のうちの数日を使えるようにする。そして教育資源や（理想的には）手助けしてくれる教師を利用できるようにしてやる。この「選択授業」はおそらく年齢に関わらないクラスを必要とするだろう。次の章で我々の考えと推奨案を実行する最初の試みについて述べ、実際上の問題のいくつかについて論じよう。
　生きるのに必要な基礎技術を身につけ、習熟するだけでなくすべての領域を教師が教えることができるように、教師が教える内容と教え方には制限しないようにする。そして、学級のレベルや小グループや個人のレベルで、個別化の余地を作っておく。良い教師は授業を有意義で興味のあるものにするために、自分の興味や強みと、子どもたちの興味や強みを組み合わせて利用するだろう。良い教師は時間割を守れなくなったり、試験の準備が遅れたりするという心配なしに、役に立ちそうな話題について時間を割くことができるだろう。カリキュラムはもはや中央で決められたとおりにしないといけないわけではないので、試験は学校が独自に行うことができるし、その目的は生徒たちが学習して進歩していることを教師が再確認するためだけである。生徒が公的試験の年齢

に達したら、現在と同じく、独立した試験委員会によって設定され、学校と教師によって選択された時間割に従うことになる。基礎的能力の認定試験の結果は、学校が生徒たちに彼らが社会で成功したメンバーになるために必要な学問的能力を身につけさせていることを政府に保証するだろう。さらに16歳以後は、生徒たちは公的試験の結果も得ることになる。

　もちろん、このような推奨案は「良い」教師の採用にかかっている。教師は自分たちが何を教えたいか明確な考えを持っていなくてはならない。観察し、聴く、優れた能力も必要である。さまざまな子どもたちが混じった教室で、異なったプロフィールを持った一人一人に学習経験をどのようにして個別化するかについて思慮に富んだ考えを持っていなくてはならない。彼らはおそらく「成長する思考態度」を持った教師であろう。彼らの思考態度は教職課程受験生に対する能力テストで評価できるかもしれないし、教職課程のあいだに主要項目として教育され、その後、個々の学校で評価されることになるかもしれない。そのような教師は適切と思われる方法で生徒たちの能力を引き出す自主性を認められるべきである。学校はまた、すべての子どもが刺激を受けることができるような、たくさんの選択肢を提供すべきである。

3. レッテル貼りをやめよう

　遺伝的背景：異常は正常である。
　推奨：もし、子どもたちが追加の支援を必要とするなら、支援をすべきである。レッテル貼りや官僚主義は一切不要である。

　通常の学習障害は質的な異常ではなく、量的な問題である。多くの場合、成績の悪い生徒だからといってクラスの他の子どもたちと遺伝的に異なるところはない。彼らは障害を持っているというより、困難があると考えられるべきである。このことは最も普通に見られる学習上の問題である失読症や計算力障害にあてはまる。今は成績の悪い子は評価を受けて、学習障害児というラベルを貼られ、そして初めて支援が得られる。資源が限られている場合両親は、個人的な評価や教育を受けるために費用を払わなければならない状態に放っておかれることも稀ではない。この過程で貴重な時間が失われ、このことによるストレスは関係者全員にとってよくない。

　そうではなくて、我々は生きるための基本的な技術の習得に遅れている子ど

もたちについては観察と追跡を強化することを推奨したい。そして問題が生じたらただちに、学校で個別の支援を受けられるようにするのである。これらの子どもたちが取り残されないようにするために必要なすべての支援と追加の教育に教育資源が用いられるようにしなければならない。階層的な学習の原則は、一人一人の子どもが新しい技術を今まで持っていた技術の上に確実に積み上げることができるようにすることである。可能な場合は家族も登録して子どもの学習を確実に支援するようにするが、たとえうまく行かなくても、どんなかたちにせよ、子どもには罰を受けさせてはならない。たとえば小学校の教師が子どもの読む本を変えるのは、子どもたちが家庭で親に声を出して読み終えたらということは珍しくない。もし親が、子どもの音読を聞いてやろうとしないなら、子どもたちは大きな声で読む機会を失うことになるし、新しい本に接する機会も減ることになる。この子たちには音読を学校でもっとたくさん聞いてやって、家庭での不足を補ってやる必要がある。同時に親を説得して、音読を聞くように仕向ける努力をすべきである。子どもたちが親の問題や不十分さのために罰せられることは決してあってはならない。

　我々はまた、子どもたちに「才能があるとか有能だ」といったレッテルを貼ることは止めた方が良いと提案する。個別化された教室ではレッテルは不要である。なぜなら一人一人の子どもがそれぞれの必要なものを受け取るからである。適切な機会がすべての子どもたちに与えられるべきである。理想的なシナリオでは、すべての子どもが育ててやる価値のある、才能や有能さや情熱を持っていることが見出される。「才能があったり有能な」子どもたちを確認し、分類し、数えるのに要する時間はムダなので、その時間はクラスのすべての子どもたちの能力を引き出すことに使うべきである。

　要点は官僚主義とレッテル貼りは減らすべきで、教育のどの時点であれ、たとえその問題が一時的な問題であるとしても、苦労している子どもたちにはただちに必要とする追加の支援をしてやることである。今持っている困難は、すべての生徒が受け取るように我々が推奨する個人の学校修了証明書に記載して（次項4の推奨参照）、将来の教育者や雇用主に子どもたちの必要なものが認識され、対処が図られるであろう。優れた子どもたちもまた、当然ではあるが彼らの必要とする支援と機会を提供されるべきである。

4. クラスはもちろん、一人一人の子どもを教育しよう

遺伝的背景：遺伝的連続性と環境による変化はチェックすることができる。
推奨：それぞれの子どもが個人教育プランを持つべきであり、それは毎年見直され、改訂されるべきである。すべての子どもは義務教育が終了したときに個人化された学校修了証明書を受け取るべきである。

　すべての子どもが学校に行くようになる前に、子どもたちの家庭を最初のクラスの担任の教師と訓練を受けたキー・ワーカーが訪問することを我々は提案したい。これらのキー・ワーカーは子どもを観察し、記録し、その子どもの学校生活全般にわたって見守り続ける役割を果たすだろう。この訪問は家族と学校にとって、お互いを知り、子どもを知る最初の機会となるだろう。この機会に能力が観察されるかもしれないし、あるいは別個に学校で観察されるかもしれない。子どもが学校に行く準備ができているか、子どもの特別な必要なことがないか、発達のプロフィールはどうか明らかにするために、発達状況がチェックされる。
　この訪問後、キー・ワーカーは子どもの新学期のために「個人教育プラン」を作成する。このプランは教師や子どもの家族と相談して修正することができる。1学年においてはこのプランは、子どもの学校への適応の様子を考慮しながらクリスマス以後に再び修正する。それ以後は臨時の再調査が必要にならない限り、毎年、夏休み中に修正される。子どものキー・ワーカーは学校教育の期間中、子どもと家族とクラス担任がまず最初にコンタクトする人である。そして、子どもの必要と意欲と背景について十分な知識を持っていることが期待される。クラス担任が変わってもキー・ワーカーは変わらず、ケアの継続が教育の個別化に大きく役立つだろう。子どもの必要とその子が受けてきた教育と家族の歴史について深い理解を持つ代弁者が子どもの学校にいることになる。
　このシステムは実際、中等教育のレベルで真価を発揮するだろう。そこでは生徒はたくさんの教師から学ぶようになるために、教師は誰も個々の生徒のことを十分知ってはいない。たとえば、キー・ワーカーは科目担当の教師たちからレポートを受け取り、レポートの内容をその子どもの状況にあてはめ、新しい行動パターンや気になることの原因をすぐに特定するだろう。キー・ワーカーはまたクラス担任に自分の担当するそれぞれの子どもにどのように働きか

けたら最適か、また、そのための方法を助言できるようにすべきである。教師はこの情報と助言と考え方を毎年の個人教育プランに記録するだろう。

　我々の推奨は、自分たちの研究から得た信念に基づいている。それはすべての子どもはどこかの時点で、何らかの特別な教育の必要があって、子どもたちが完全に発達できるように、また、彼らが能力を発揮できるレベルに達するように、子どもに寄り添って観察されて、対応されなければならないということだ。すべての学校はキー・ワーカーの役割の訓練を受けた教育心理士からなる実体のあるチームを備えるよう我々は推奨する。この資格でもって彼らは評価し、理解し、教育的な、また能力的なプロフィールを伝えるだろう。子どもや家族と連絡し、このサービスが必要な生徒たちを支援できるようにカウンセリングの技術の訓練も受ける。彼らはまた、それぞれの子どもが必要とする追加の資源も調整するし、やがてはそれぞれの子どものDNA配列から得られた遺伝的情報を、それぞれの子どもの必要の「全体像」に組み込むだろう。我々は、高度な訓練を受け熟練した労働力を利用するには、地方自治体に雇われて、それぞれの学校のあいだを運転したり、書類書きをしたり、官僚主義と闘ったりすることに長い時間を使う現在のやり方よりもこの方法の方がずっと良いと信じる。我々はまた、彼らがキー・ワーカーとして子どもに提供できる支援と、教育の個別化を推進する能力は何者にも代えられない、子どもの達成と幸福と生涯にわたる可能性に非常に肯定的な違いをもたらすだろうと信じる。

5. どうやったら成功するかを子どもに教える

　遺伝的背景：IQと自信は遺伝子－環境相互作用を介して、学校環境と達成の関係を仲介する。

　推奨：週に1回の「考える技術」の授業をすべての生徒に実施しよう。（「考える技術」は時間割として国が決めたカリキュラム教科ではない。教育センターから指示されたものでもないし、公的な試験も行われない。学校は単に「考える技術」に週1時間を割くだけである。）

　これまでの研究は、遺伝子－環境相互作用は教師の質とかいじめとかクラスのサイズとかの環境と、試験の成績のような結果との関係に影響するだろうと示唆している。IQや意欲や自信のような遺伝的影響を受ける特性が、環境とその結果の関係に影響して積極的な相関をもたらし、これは行動遺伝学の優先

研究事項となっている。我々がこの現象を完全に理解し、評価するより良い方法を得たなら、それぞれの子どもについて有意義な教育的介入を推奨する能力は飛躍的に高まるだろう。とりあえず我々は、IQや自信といった媒介特性が、これまで検討されてきた多くの環境因子よりもずっと成績と関連することを知っている。我々の仮説は、環境がこれらのIQや自信といった特質（および遺伝子）に影響し、その結果最終的な結果に影響するというように連鎖反応が起こっているというものである。

　我々が今までに明らかにしたことすべてが、高いIQと強い自信は教育に肯定的な影響を及ぼし、両方とも遺伝と環境の影響を受けることを示している。また、適切な指導によってどちらも改善することもわかっている。そこで我々はこれらの特質に焦点を当てて、すべての学校ですべての生徒に「考える技術」の授業を週に1回実施することを推奨する。この2つの特質は生涯にわたる良い結果を予測し、環境と遺伝子の影響を受け、完全に教育的介入が可能だということを我々は知っている。多くの私立学校では、子どもたちはすでに言語や非言語技術といったIQテストの項目については日常から訓練を受けている。他の多くの子どもたちも小学校入学試験に向けて個人的な指導を受けている。多くの場合、試験は本質的にはIQテストである。すべての学校における「考える技術」の授業は学習する条件を平準化するであろうし、研究によれば、生徒も社会もともに利益を得ると考えられる。パズルや価値観の課題を含む広範な教育資源が考案され、アイデアと資料とを求める教師すべてが利用できるようにすべきであろう。学校においては、教師はIQテストと肯定感と意欲の心理学的測定法を用いて、生徒たちがこのような領域で進歩しているかを評価できる。その結果はキー・ワーカーによってそれぞれの子どもの発達プロフィールの一部としてファイルされて、学校や教師の質の評価ではなく、子どもの利益のために用いられるべきである。

6. 将来の社会的流動性に向けて早期から機会均等化を推進しよう

　遺伝的背景：就学前の子どもたちはとりわけ共通環境の影響を受けやすい。
　推奨：社会経済的に恵まれない子どもたちには2歳から質の高い就学前教育を無料で提供する。同様の教育を3歳から4歳にかけてはすべての子どもたちに無料で提供する。社会経済的地位の低い家庭の子どもたちには生後すぐから追加支援を行う。

この推奨は英国で行われた「就学前教育の効果的提供」研究（The Effective Provision of Pre-School Education）の結果とヘックマンの経済的研究の結果を支持している。そして、米国や英国やそのほかの先進国の現在の政策をも広く支持している。我々がこのやり方を支持するのは、このやり方は、共通環境が就学前の子どもたちに重要な影響を与えるということと、一部の、子どもたちを非常に傷つきやすくしてしまう有害な環境はきわめて強い影響力を持つという行動遺伝学的結論と一致するからである。したがって、恵まれない子どもたちに対する無料の質の高い就学前教育は学習の機会を平等化するのに役立つ。学校と同様に就学前教育も一人一人の子どもを発達させ、支持することに焦点を当てる必要がある。公的教育が遅くなっても、それが一般的になっている国では否定的な影響はない。この理由で我々は就学前教育は読書に焦点を当てる必要はないと考える。ただし、その子どもがしきりに読書したがるのであれば別である。けれども成長する思考態度やIQや社会的な興味や考える技術や自信を育てることに焦点を当てるのは良い考えだろう。就学前教育はすべての子どもが入学の準備ができているようにするために行われるべきである。そして恵まれない家庭には質の高い就学前教育を無料で行うことによって、機会の均等化という目標に寄与できるだろう。ちなみに、就学前教育については中産階級の家族も自分たちの子どもに受けさせたいと強く要求するだろう。共通環境の影響は生徒が成長するにつれて減少するとはいえ、ある程度就学前教育のメリットは続くという証拠がある。

　これらの手段に加えて、社会経済的地位の低い家庭の子どもたちには生まれたときからの追加支援が提供されるべきである。行動遺伝学の教えるところでは、すべての人間は異なって生まれるが、環境と養育の違いが生まれついての違いをさらに大きくする。このことは普通は生まれついての機会の不平等として否定的にとらえられるが、我々は必ずしも否定的にとらえる必要はないと言いたい。実際、環境の違いを利用して、その効果でもって形勢を逆転させ、機会の平等を増進できるのだ。恵まれない家庭の子どもたちにさらに機会を提供して、さらにその機会を利用しやすくして、機会の均等化を進め、社会の流動性を高めることができる。

　我々は恵まれない家族と関わる就学前教育担当者を見守りながらも、これを達成するいくつかのアイデアを持っている。そのアイデアは機会の均等化を進め、すべての子どもたちに彼らの社会的あるいは遺伝的な問題や発達開始の時

期がどうであれ、本当の個別化した学習環境を提供する教育システムについての議論を始めるためのものである。たとえば、恵まれない家庭で育つすべての子どもたちを対象にした、ポルテージ・サービスのような仕組みを作ることを勧めたい。この子どもたちに行われる定期的な家庭訪問では、遊びに基づいた活動によって子どもたちを支援したり、発達を強化することが子どもたちと家族を対象に行われる。この方法は子どもの技術の発達と入学準備を進めることになるだろう。子どもとの良い関わり方のモデルを示して、親が子どもたちを助けられるよう支援する。そうやって刺激に満ちた家庭の学習環境を作るようにして、成長する思考態度と意欲と自信を小さな子どものうちから伸ばすよう励ますのだ。ポルテージ・サービスの家庭訪問員は就学前の期間中、小学校に入学した子どもたちをキー・ワーカーに渡すまで、家族と連絡をとり続けるべきである。

7. 学校におけるカリキュラム外の機会を均等化しよう

遺伝的背景：遺伝子－環境相互作用は選択肢へのアクセスしやすさ次第である。

推奨：教育資源に恵まれない家庭の生徒たちには、追加の支援を行うことでほかの生徒たちと同様のカリキュラム外の活動を確保できる。

現在、教育において平等でないことの一つはカリキュラム外の活動へのアクセスである。たとえば騎手になる能力を持っている子どもが、街に住んでいて、裕福ではない家庭に育っているとしたら、おそらく自分の能力には気づかないだろう。というのは、乗馬の訓練を受けたり馬を扱うことは極端に費用がかかるからである。

このことは、ピアニストやロッククライマーやバレーダンサーになれるかもしれない子どもについても同様である。資金の欠乏は機会の平等化を妨げるし、カリキュラム外活動の子どもの送り迎えをしようという意思と能力のない親の場合も同じである。両親が共働きする必要があったり、普通の子育ての考え方を持たないような場合、自動車の運転をしない場合、子どもが何人もいる場合、あるいは障害がある場合も非常に困難である。これらは可能性がムダになる例である。したがってこれは、教育が個人の強みと情熱を引き出せる例でもある。我々は貧しい家庭の子どもに、学校やほかの場所で行われる課外活動と交換で

きるバウチャー（教育金券）を支給することを提案したい。学校で、より質の高い個人レッスンを行うことによって、このような家族がより利用しやすくなるようにすることが望ましい。

8. 2段階の体育プログラムを作ろう

遺伝的背景：共通環境の経験は小学校における子どもたちの健康に大きな影響を与える。その後は遺伝子の影響がずっと強くなっていく。
推奨：小学校で7歳の時点ですべての子どもに標準的な体育プログラムを準備しよう。8歳以上になったら、子どもたちがやろうと思う種類の運動を選ばせよう。

5章で述べた研究は共通環境の経験は少年と少女の小学校における健康に大きな影響を与えることを強く示唆している。このことは近年の肥満問題や座業の生活スタイルと関連した疾患の増加とともに、小学校では体育を今後も必修教科とし続けるべきという我々の推奨の根拠である。しかしまた、10代のどこかの時点で少年でも少女でも遺伝子の影響が環境の影響よりも大きくなることも指摘されている。したがって英国ではすべての生徒が、小学校では国が決めたカリキュラムの毎週の体育の授業と並んで、幅広い選択肢から第2の授業を選べるようにすることを勧めたい。これも、年齢はまぜこぜで行う必要がある。こうして生徒たちは中学校に進むまでに、どういう種目が好きか知り、その種目の技術もある程度身につけることができる。

中学1年生の教育のあとでは、体育のカリキュラムは完全に選択制にする。このときも選択肢は非常に多くしておく。もう、必須種目としてクロスカントリーで雨の中を走るようなこともないし、サッカーやネットボールが嫌いな子どもにとって、屈辱的なこういった種目も行う必要はない。この新しいシステムでは、個人の好みや能力の違いが尊重される。生徒たちは何の種目であれ、一番好きなものを選ぶことができる。ただ一つの規則は彼らはどれかの種目を選んで参加する必要があるということだけだ。体育、なかでもチームスポーツはとくに、遺伝子と相互作用して、生涯に及ぶ喫煙習慣を抑制するという証拠があり、体育を推奨することは体育を行う個人だけでなく、健康や健康経済学にとっても良い影響があるだろう。

9. 目的地を変えよう

遺伝的背景：全国的に遺伝的能力を実現するには、中等教育以後も多様な機会が提供されることが必要である。

推奨：職場や大学における職業教育の選択肢の数と種類を増やそう。被雇用者にとって見習い期間がもっと手ごろで魅力的なものにしよう。そして、生徒たちが基本技術を身につけ、自分たちの本当の興味を見つけ、雇用者にとってさらに魅力があるように教育しよう。

　誰もが大学に行きたいわけではないし、こんなことを言うのは時代遅れだが、誰もが行かないといけないのでもない。大学の学位には含まれない一連の技術を身につければ、より満足する生活をし、さらにお金を稼ぐようになるだろう学生が何百万人もいる。英国では、最終学歴は2013年の16 ～ 17歳から2015年には18歳になるだろう。この変化は若者と社会を利すると信じるが、それは若者の必要や興味や能力や志望に合致する教育が行われた場合だけである。学校教育に興味を失った生徒たちに変わり映えのしない教育を提供しても、それは学校を問題解決の場所とするよりも留置場にするようなものである。

　我々の推奨がとりいれられたら、学校生活の後期になるまでには、大部分の生徒は基礎学力についてはすでに合格しているだろう。彼らは小学校入学以前の発達プロフィールも持っているだろうし、彼らのことをよく知っているキー・ワーカーもいるだろう。この情報はキャリアやそのための訓練のアドバイスを準備するため、それから、学校が年齢のいった生徒たちに提供するプログラムを決定するために用いられるだろう。家具職人や整備士や警察官や看護助手や教務助手や受付係になりたい子どもは希望を達成するのに役立つような教育の機会を十分与えられるべきである。これと同様に、弁護士や医師や技術者になるために大学に行きたいし、行く必要のある子どもの志望もかなえてやるべきである。すべての学校に、求職中の若者に本当に役立つ、さまざまな有益な、正式に認可されたコースが準備されるべきであり、そのコースには少なくとも学問的な科目と同じ程度の財政的支援がなされるべきである。この生徒たちには大学におけるさらなる財源は不要だろう。それで学校の最終学年は、彼らと、将来のための彼らの計画に十分な投資をすべき時期である。さらに、現在の状況では容易ではないことを我々は知っているが、彼らは学校環境

において平等に扱われるべきである。それは、彼らは他のことを行うのに十分賢くはないために次善の策をとったのではなく、自ら選んだコースをとっている、という主張である。教育政策は長年にわたって大学に進学しない生徒たちを尊重してこなかった。個人の才能や好みの違いへの尊重が再構築されるべきであり、親と教師はこの点について大きな責任がある。

　すべての若者の能力の発達と好みに合った選択肢を提供して、教育の基礎を基本的技術におくことに加えて、政府は雇用者と協力して見習い制度やインターンシップや労働の体験やオンザジョブトレーニングを、高等教育よりも早く社会に出て働きたいというすべての生徒たちのために整備すべきである。

10. 新人教師に遺伝学の研修を行い、実地に持ち込む技術を提供しよう

　遺伝的背景：個別化した教育は、「生まれつき」異なるそれぞれの子どもたちの能力を実現する最適の方法である。
　推奨：すべての教師の教育訓練に、学習と教育における遺伝学のコースを加える。そして、教育の個別化への実際的取り組みを計画し、試行の実施を希望するグループと個人を募集する。うまくいった技術、訓練、資源を、続いてすべての学校が利用できるようにすべきである。

　我々はすべての教師の教育訓練コースに、能力と達成についての遺伝学と、教育実地における個人の違いによる影響についての、少なくとも1つのモジュール〔訳注：英国の大学で1つの構成単位となる課目〕を含めることを勧める。こうして我々は、子どもたちは皆真っ白な白紙であり、子どもたちすべてに同じ試練を与える十分な教師だけが必要だという仮説に立ち向かっていくことができる。我々はまた教師が、キャリアのごく初期から教育の個別化について考えるように関わっていく。このことは重要だ。なぜなら勉強がわからずに困っている子どもや問題行動を起こす子どもに対して教師たちが発する質問を変えるからだ。これは教師の熟考する能力を深め、実践を改善する。一人一人の子どもがある年度にある成績に達しているとか、英国のカリキュラムのレベルでポイントが上昇したというようなことで教師が評価されないシステムの場合、教師が生徒の進歩や能力を追跡し、支援する手段を持つことは重要である。できれば子どものキー・ワーカーと共に、自由にすべての子どもたちのための

「個人教育プラン」を考え、年齢の入り混じった、大きな混合クラスでどううまく実施するか、目標達成のための方策を準備できることが重要である。

教室で純粋な個別化をどうやって行うかについては我々に考えがある。これには教育心理学者を学校に本拠を置くキー・ワーカーに起用するという我々の提案も含まれる。個別化教育にはコンピュータに大きな役割があるとも我々は考えている。個人の能力と進歩に配慮したコンピュータのソフトは、我々の予測では、混合クラスにおいて学習の経験を個別化しようと試行する教師にとって最大の支援となるだろう。双方向技術の利用の拡大は、たとえまだ教師がどんどん進めるための教育資源を持っていないとしても、すべての子どもたちが発展する可能性を増やすだろう。基本的技術科目としてのIT技術に我々は注目しているが、これによって子どもたちは教育ソフトから利益を受けることが可能になるだろう。

我々自身は、あえてソフトや、ありうるかもしれない無数の個別化の介入を設計したりするつもりはない。こうしたことは教師や教育ソフト開発者がよりうまくやるだろう。政府の資金はこういったことが可能になるように準備されるべきで、うまく設計された信頼できるパイロット研究の結果が共有されて、最善の個別化実践がすべての学校で行えるようにすべきである。当面は、学習の個人差の基礎となる証拠集めを続けて、これらの構想のために情報提供をしてゆきたい。

11. 大きいことは美しい

遺伝的背景：遺伝子－環境相互作用と非共通環境の影響は選択にかかっている。

推奨：規模が大きくなると選択が可能になる。学校を大きくするとともに、異なるレベルの学校教育のあいだの連携を強くしよう。

個人の違いや遺伝子－環境相互作用や非共通環境の影響について我々が学んだことすべては、選択できることがすべての人に平等な機会を提供するのに不可欠な要素であることを示している。実際には、規模の経済から言って、学校は大規模校でなければならない。規模が大きければ選択も安価で実現可能になる。したがって学校は大きくなくてはいけないし、今までにないほど広範な教育上の選択肢を提供できる必要があり、あらゆる背景をもったすべての人が来

ることを望むものでありたい。競争を禁止するのは非民主的である。一番手のかからない生徒たちを選んで、成功を自分たちの手柄にするような学校も甘受しなければならない。子どもにABCから卒業まで完全に個別化した教育を提供し、あなたが重要だと思う**どんな**学習目標も追求することのできる学校に対抗できる学校はほとんどないだろう。我々はさまざまな教育の経験を提供したいと望んでいるので、規模が問題になるのだ。遺伝を考慮した学校というのは初等、中等、高等教育にわたった非常に大規模の学校になるだろう。あるコミュニティにおいて、すべての子どもに我々の想定する遺伝を考慮した学校のどれかに居場所があるだろう。そしてそれが適切に計画され、運営されるならば、誰もが来たいと思う学校になるだろう。

次章では、我々の望ましいリストが法律となる世界での学校を想像したい。我々自身が一日教育大臣になるのである。

14章　一日教育大臣

　「一日教育大臣」として我々は、我々自身が作った11の政策案すべてを丁重に受け入れよう。にもかかわらず、我々はそれらを厳密な科学的検証にかけるだろう。そして、もし結果が肯定的なものであれば、遺伝を考慮した学校を設立するだろう。我々の学校がうまく機能するならば、我々の計画を全国に広げるだろう。ちょっとした不信のために一時保留になるかもしれないし、長い時間がかかるかもしれない。我々の提案する、遺伝を考慮した学校はまだ線描の段階である。たくさんの彩色という段階が、研究者や教師や社会一般によってなされなくてはならない。しかしこれは出発点である。まずはやってみることが重要だ。

　遺伝を考慮した学校のために選んだ敷地は広大なものである。従来の学校よりも小さな大学のキャンパスに似ている。必要なすべての設備を備え、すべてのオプションに対応するにはこのサイズが必要である。この学校はこの地域のためのものであり、魅力的で成功したものにし、快適な環境と名声を育て、あらゆる信仰、あらゆる人種、あらゆる社会的背景を持つすべての子どもがここで教育を受けたいと願うだろう。地域社会の子どもを誰も拒まなくてよいように、学校の敷地は広くなくてはならない。複雑な入学手続きもないし、居住地域による有利不利もない。我々の学校はすべての子どもが地域社会に適合できるように作られる。理想的な世界ではすべてのコミュニティが同等の学校を持つだろう。我々は非現実的ではないが、この章では実用性や慎重さを扱うよりもユートピア的な考えを述べたい。そしてここでは我々は政治家を演じるのだから、あなたに我々のアイデアを積極的に売り込む義務がある。

　同じ場所に我々は小学校と中学校と特別教育の必要のある子どもたちのための関連センターを作るだろう。特別教育の必要な子どもたちはすべてをセンターで学ぶか、通常の学校で学ぶか、あるいはこの2者の組み合わせで学ぶかになる。学習障害や行動障害の子どもたちの統合の程度は一人一人の子どもの必要と希望に基づくが、場所の共有や施設の共有によって社会的な統合が改善

するだろう。こうして、障害のある子どもたちを物理的に隔離された学校に入れて隠すのではなく、日常的な世界の一部とするだろう。我々はまた、大きくて十分な設備を備えたレジャーセンターを作るだろう。そこにはプールや多様なスポーツのための施設がある。いくつかのスポーツの競技場や、植物学者や養蜂家や造園家や花屋や生物学者を目指す子どもたちのために園芸センターのようなアウトドア設備もある。大型で多数の蔵書を備えた図書館や音楽室やメディアルームや語学ラボラトリーや劇場もあるだろう。おしまいに、一般開業医あるいは一次医療担当医、小児科医、看護師、言語療法士、カウンセラー、キャリアアドバイザー、そしてキー・ワーカーあるいは教育心理学者が勤務する小児発達センターがあるだろう。生徒たちが必要になったら、理学療法士と作業療法士のような専門家もそこで雇用されるだろう。

　すべての子どもが個人教育プランを携えて、我々の小学校に入学するだろう。このプランは入学の数カ月前に新1年生の担任とともに家庭訪問したキー・ワーカーによって作成されたものである。やがて情報は遺伝子チップ技術からも得られるようになるだろう。この段階では、我々の教育に対するアプローチは個人教育プランを支える発達プロフィールに基づいている。就学前学級は遊びに基本をおいて、正式な指導よりも集中的な観察や記録や追跡を行うためのものである。我々の就学前学級と1年生のクラスは5歳と6歳の子どものためのもので、クラスの規模もおそらく15人から20人程度の小さなものである。それは基礎的知識を初めて学び、子どもたちが学校環境において学習し、社会生活に順応するという時期をできるだけ容易に乗り越え、高度に個別化した教育を可能にするためである。教師は子どもたちの肯定感や自己調整の能力を育て、さらに、子どもたちの準備ができたら正式の授業を行い、彼らが社会的、創造的、認知的、そして体力的な活躍の舞台での成長を支持することに焦点を当てる。

　教育学の研究によれば少人数のクラスは低学年には最も有益である。若い時期に投資して、遅くならないようにという我々の決定を支持している。最初の2年間が過ぎたら、クラスの人数はより一般的な30人に増やしていいだろう。同じく研究によれば、人数を増やすのは有害ということはない。むしろ、生徒数が増えると同じような指向や能力を持った子どもたちをグループ分けできるし、スモール・グループ教育や仲間が支えあう学習もできる。この時期、7歳までに基礎学力を身につけるのに追加の支援を必要とする子どもたちは確認され、適切と思われる場合は、同じ場所にある小児発達センターのしかるべき

サービス部門へ紹介されるだろう。あるいはクラスの中でその必要は解決されるかもしれない。子どもたちはすべて基礎学力について一定程度の正式な指導を受けるだろう。それでも、すでにこの時期に一部の子どもは上手に読むことができ、別の子どもはやっと最近、読むことを始めたばかりということもあるだろう。追加支援のために教師が小児発達センターへ紹介したり、1対1あるいは少人数授業が必要と判断しても、そのような指導が必要なことを証明しなければならないというようなことはなく、その子どもの個人教育プランに記録されるだけである。

　小学校のあいだに子どもが進歩すると、読み書き計算とIT技術に集中して毎日学ぶだろう。これは個人個人の目標を反映している。目標は国のカリキュラムによって決められていて、基礎学力証明に合格することを目指している。このような活動はたいてい午前中行われ、合間には自主的な遊びや学習や観察の余地もある。週に1回、子どもたちは国のカリキュラムに基づいた健康指向の体育の授業を受ける。週にもう1回は自分で選んだ運動種目に、同じ種目を選んださまざまな年齢の他の小学校の子どもたちと一緒に参加する。選択種目はサッカー、ラグビー、ホッケー、バスケットボール、水泳、フェンシング、乗馬、ダンス、アーチェリー、ヨガ、武術、スケートボード、体操競技、ランニング、陸上競技、あるいは生徒がやりたいと思うものすべてである。このような授業は学校やスポーツセンターや運動場で行われる。授業はしっかり作られていて、十分な質を備えている。たとえば、テコンドーが大好きな子どもが望むなら、段位をとるまで続けることができるし、他の子どもたちも競争したりレベルや段位を上げるほど深く関わることができるだろう。種目を選ぶことと参加することは大切に扱われて、時間切れなどとされることはない。このような運動競技の授業は小学校の1週間における2つの選択授業のうちの一つである。生徒は学校生活のあいだ中、希望するなら同じ種目を続けることができるし、それぞれの学期で違う種目を選ぶこともできる。理想的には、生徒は自分の好きな種目を見つけて努力して、11歳で小学校を卒業するまでには進歩しているだろう。

　週1回の選択スポーツのほかに、週1回午後の選択授業がある。この授業では子どもたちは非常に広い選択肢から1つを選ぶことができる。この授業は年齢混合クラスで必要な専門技術を備えた教師によって行われる。この授業の目的はスポーツの授業の場合と同様である。休憩時間ではない。この授業のあいだ、子どもたちは観察され、記録されて、自分たちの興味と技術をさらに伸ば

すように支援される。子どもたちにこのような多様な機会が与えられる真の理由は、さまざまな活動や学習を試させて彼らの才能と興味を見出し、発達を支援するためである。彼らは少なくとも1学期のあいだ、選択したことを続け、その後、別の選択をすることができる。

残りの時間は午後の枠3回分である。この時間を使って教師は短期の、一連の「トピックス」の授業でクラスの興味と必要を自由に追求できる。この授業はクラス全体を対象にもできるし、個人の学習目標に焦点を当てることもできる。この時間はまた、自然、宗教、考える技術、美術、音楽、劇、人間性といった科目のためにも使えるだろう。

トピックスの授業は特定のテーマを深く理解し、生徒たちの技術を高める機会になるだろう。美術や音楽や劇や歴史や地理や科学やその他の関連科目である。教師はこれらのトピックスを完全にコントロールできないといけない。そして学校には適切な資料を得ることが可能なように十分な資金が提供されるだろう。子どもたち全員が教育の開始時点からIT技術を学ぶので、インターネットは大きな支出をしなくても子どもたちが必要な資料にアクセスするのに費用対効果の高い方法だと言えよう。何か1つのトピックを学ぶのにクラスあたり30冊の本を購入しなければならないとしたら、このような柔軟な教育は不可能である。その結果、教師や生徒の関心とは無関連に何世代もの教師が同じ材料を毎年毎年教えてきたのである。教師と生徒は学習を形作り、指導するための比類のない自由を手にするだろう。

小学校の1日の基本構造は本質的に変わらないだろう。出席確認、午前中の活動、昼食、昼食時の活動、午後の活動で1日の教育がしめくくられる。集会やお話の時間もあるだろう。授業時間はおよそ6時間半になるだろう。

学校が終わったら、子どもたちは自由にさまざまな課外活動に登録できるだろう。費用は家庭の経済状態による。最も恵まれない家庭の子どもの場合はどの活動に参加しても無料である。学校は課外カリキュラムの科目の専門技術を持った教師を雇うだろう。したがって、課外活動の質は私立の課外授業と同等である。これは音楽の授業のような場合はあてはまらないかもしれない。大切なことは見出された才能や興味を育てる時間と能力を持った教師たちを準備することである。これらの課外活動は小学生や中学生や小児発達センターの生徒も含めた子どもたちに開放されるだろう。年齢制限はどうしても必要な場合に限って適用される。

我々の提案する小学校は、いくつか重要な点で普通の小学校とは違っている。

一人一人の子どもをよく知っていて、子どもの代弁者となるキー・ワーカーの参加によって、学習は前例のないほど個別化される。キー・ワーカーは一人一人の子どもの必要を詳細に理解し、子どもと常に会うというきわめて重要な役割を果たすだろう。彼らは追加の資源や支援が必要なら、子どものために強く主張し、提供された支援が子どもたち個人の必要に適合するかどうか確かめるだろう。キー・ワーカーのサービスが5つ星であることは疑いない。

　ある意味、こうしたことは多額の費用がかかるというのはそのとおりである。しかし、教育を良くすることは、子どもの最適の発達を支援するだけでなく、おそらくは社会全体に経済的利益をもたらすことだと考えるのは大切である。キー・ワーカーのサービスは子どもたちの教育が実社会の個人の必要に従って、可能な限り個別化されることを通して、すべての子どもに持続的で人生に前向きな効果をもたらすように計画されている。子どものことで苦闘する教師は相談できる連絡先を持つことができ、子どもたちの学習と幸福のために戦略を工夫できるだろう。最善のシナリオではこの連絡先となる人は子どもを4歳のときから知っていて、子どもと子どもの家族とも長い関わりの年月があり、彼らと強いつながりがあるのである。我々はキー・ワーカーを大切にして、キー・ワーカー個人のキャリアが形成され、個人としても進歩できるような給与体系にしなくてはならない。キー・ワーカーは子どものDNA検査の結果にはアクセスしないだろうが、これもそのうちに変わるだろう。キー・ワーカーはそれぞれの子どものユニークさについて明確な理解を持っている。生まれついての、そして成長の過程で獲得したそれぞれの行動パターンの違いである。

　子どもたちが11歳になると、中学校へ進学する。我々の中学校は小学校と同じ敷地にあるので、子どもたちはすでに何度も中学校の校舎を訪れたり、中学校の教師や生徒とも接する機会があっただろう。子どもたちは課外活動でも中学生と交わっているし、ときには午後の2枠の選択授業で接しているかもしれない。さらに、キー・ワーカーは進学の時期にも中学生の期間も、ずっと子どもたちと一緒にいるだろう。これらの要素すべてが、大部分の子どもたちがスムーズに中学生になることを可能にするだろう。

　さまざまな点で、中学校生活は小学校生活と類似しているだろう。すでに最終的な基礎学力試験に合格した非常に優秀な子どもたちもいれば、他の大半の子どもたちは自分なりのペースで課題に取り組んでいる。最終的な修了証明書は、それなりのレベルを求めるからである。中学1年生が終わったら、国のカリキュラムの体育の代わりに生徒が多様な選択肢から選ぶことができる第2

の1時間スポーツが始まる。小学校のレベルと同じく全員が体育の授業を受けなければならないが、年齢混合クラスでできるだけ多様な選択肢が提供される。1週間のうちのもう一つの体育の授業でも、同じように多様な選択肢が提供される。

　けれども、いくつかの大きな違いもあるだろう。たとえば中学生には午前10時授業開始というような、遅い時間から始める試みをしてみたい。理想的な世界では我々はすでに学校において、半分の生徒の授業開始は午前9時、残りの半分の生徒は午前10時開始という試みをすでに行っていて、そうするとどちらがよいか、すでに我々は知っているのだ。科学的な証拠が、メラトニンの量が違うためにティーンエージャーの体内時計は大人より数時間遅れているので、朝早くからの授業は不自然であると示唆している。いくつかの学校では10時開始が試みられていて、効果があるか、あるいは少なくとも有害ではないようである。けれども、我々はこの件について対照をとった比較実験の結果を見たいし、それによって最も適切な教育の提供を確実なものにできる。もし我々の学校の開校までにこのような介入の試みができないならば、最初の生徒たちをランダムに9時あるいは10時始業のグループに振り分けて、学校の方針として決定する前に、生徒たちの相対的な成績、意欲、幸福度を調べたい。さらにそのデータを、もし始業時間を遅くすることが有効ならば、11歳から、あるいは13歳とか14歳からは適切で、16歳からは始業時間を早めることがよいのか問うのに利用したい。さらに証拠に基づいて、試験の時期を考えたい。我々の学校では新しい試みは常に証拠に基づいていて、実行にうつされる前に実験的に検証されるだろう。科学的な基礎の上にデザインされた学校は正しい科学的方法と科学的証拠を備えていなければならない。

　我々の小学校と中学校の大きな違いの一つは、中学校では生徒たちはさらに個別化された選択肢を提供されるということである。これは午後の授業1回だけではない。中学1年生では基礎的読書・作文、数学、IT技術、体育、科学という必修科目を学ぶ。中学校2年生までは物理、化学、生物、科学的発見の理解と解釈コースといった授業にどっぷり浸るのだが、これらの科目のうちの一つから卒業試験を受けることになる。多くの生徒がもっとたくさん、ときにはすべての科学の領域を学びたいと望むかもしれないが、それは彼らの希望次第である。これらの科目は別として、11歳と12歳の生徒たちはさまざまな種類のお試しコースを半学期受講することもできる。1年生の終わりには次年度に受けるいくつかのコースを選択するだろう。選択は教師と生徒の興味で決ま

る。生徒は次の年も同じコースを続けることもできるし、変更することもできる。最終的には16歳になるまでに正式な修了証を得るために科目を選択することになるだろう。提供される選択肢は学問的なものである。自然科学、社会科学、高等数学、教養、コンピュータ技術（初歩レベル以上の）、古典文学、現代語、古語、芸術である。広範な職業上の選択科目もある。読み書き、計算、コンピュータ操作であって、生徒たちが志望する将来を保証するための技術と知識である。提供される選択肢の幅は他のどんな学校と比べても比類ないものである。我々の学校と同じほどの規模と、個人の違いを優先することができて初めて可能となるのである。生徒は、担当のキー・ワーカーや教師や家族と相談して、もし適切だと考えられ、それが効果的な遺伝子－環境相互作用を起こし、その結果、生徒たちの望みと生まれつき持っている能力を最大限生かすようなものとなるのであれば、職業的科目と学問的科目を混合して選択することもできる。

　結局、すべては選択の問題である（我々がすでに政治家のように述べるのにお気づきであろう）。今までにないほどのカリキュラムと課外活動の両者における多様な選択を提供することによって、我々は生徒がその生徒に合わせて作られたオーダーメイドの教育を通じて進んでいくことを支援し、生徒に技術と知識と、社会に出て行って成功する資格とを与えるだろう。それぞれの生徒のキー・ワーカーは学校生活のあいだじゅう、子どもたちの進歩の様子を追跡し、もし必要なときには、あらゆる種類の専門家の支援が期待できるだろう。とくに、すべての子どもは個人のプロフィールに基づいて、質の高い、職業についての助言を受けることができる。

　16歳で公的試験を受けたあとで、生徒たちは彼らの志望をかなえる援助をするセンターへ移動する。ある生徒にとっては、それは学問的なコースを提供するカレッジであって、大学教育の準備をする場所である。別の生徒たちには資金に恵まれた、雇用者との強いつながりのある専門学校であろう。ここではあらゆる種類の職業と進路のための実習生訓練を行う。実習生と雇用者とのマッチングの責任は生徒個人ではなく、専門学校にある。そして専門学校は生徒たちの継続的な代弁者として、実習生の訓練には十分な資金が用いられ、十分な多様性を持ち、誰も網から落ちることのないようにしなければならない。

　我々の遺伝を考慮した方法は、もちろん間違いなく費用のかかるものだが、個人の違いを支援し、育て、おそらく社会的にも経済的にも、長期的に見れば個人も社会をも利するであろう。それは行う価値のある教育への投資であるし、

実に大きな成果をあげるだろうと考える。成績の平均は上昇するだろうし、それぞれの子どもは卒業するときには、社会で有用な建設的な生き方を見つける準備が十分できているだろう。我々はすべての子どもに敬意を持って接したいし、彼らに平等な機会を提供したい。しかしすべての子どもが同じとは信じていない。子どもたちはさまざまな姿かたち、才能、個性を持って生まれてくる。行動遺伝学の知識を用いて、この素晴らしい多様性を祝い、励ますような学校システムを作るときが来ているのだ。

訳者あとがき

　この本はキャスリン・アズベリー、ロバート・プローミン共著 "G is for Genes: The Impact of Genetics on Education and Achievement" の翻訳である。日本語訳にあたっては、『遺伝子を生かす教育 —— 行動遺伝学がもたらす教育の革新』とした。著者二人は英国の行動遺伝学者で、とくにプローミン教授は双生児研究の世界的権威である。ヒトの分子遺伝学は近年著しい進歩を遂げ、ヒトの全遺伝情報を解読するヒトゲノム計画が2003年に完了したのちも、ヒトの遺伝的変異の共通のパターンを集積する国際ハップマップ（HapMap）計画やその他、遺伝子（DNA）からRNAを経て、タンパク質、さらにその代謝産物までの解析とそれらのあいだの相互作用を含めた壮大な研究領域となっている（トランスオミクスあるいは総体科学と呼ばれることもある）。これらの研究の目指すものの一つは、遺伝子と実際の人間および人間社会との関わりである。教育との関わりも例外ではない。

　よく言われることだが、教育は子どもの、まだ何も知らない白紙の脳に、大切な知識や技術やヒトとしてのあり方（教養）を書きこんでいくものという従来からの考え方があった。しかし、これは、この本の二人の著者やこの本の推薦者であるスティーブン・ピンカー教授が全く違うと否定するところである。一方、著者たちは、遺伝子とは先天的に決まっているもので、どうにもできない、恐るべきものであるという考えは迷信にすぎず、むしろ、子どもの個性を作る基礎にあるもので、それを生かして、あるいは環境を変化させることによって、一人一人の子どもに豊かな可能性を提供することこそが教育の目的であると主張している。

　著者たちの提言は単なる思い付きではなく、科学的根拠を踏まえ、考えられる戦略の妥当性を確認して、さらに費用対効果にも配慮しつつ、新しいタイプの教育システムを提言しており、それは幼児教育から中等教育までに及んでいる。とりわけ教育を個別化（個人化）することで、一人一人を大切にして個人の性格や興味を生かし、能力を十分に伸ばす方策を示している。教育はそれを受ける個人のためのものであり、それがやがては社会を豊かにする。提言は幅広く、学校教育の基本である読み書き計算からIT技術、科学、体育にとどま

らず、職業教育、専門技能教育にまで及んでいる。これらの提言には、著者らの先導による英国の双生児研究の成果が十分生かされている。たとえ貧しい環境に生まれても、環境を変えることによって、その子どもの能力を発揮できるという発想は、行動遺伝学における遺伝子－環境相互作用の研究成果に基づいている。

　わが国でも小泉政権のときに、米百俵の精神という言葉が称揚された時期があった。明治維新直後の旧長岡藩において、米百俵があったときに、これをそのまま食べてしまえばそれっきりだが、これを売ってその金でもって人材教育に用いれば、それは何倍、何十倍にもなって地域をうるおすことができるとした精神のことである。教育投資の重要性とその効果の大きさを物語っている。近年は日本のみならず世界的不況のために、ごく短期の収益を求める風潮が強いが、それを戒め、一人一人を尊重し伸ばすために、この本はわが国でも教師、教育行政担当者、親御さん方はもちろん、一般の方々にも広く読まれてほしいと願うものである。

　訳者は新生児と乳児の健診に携わる小児科医で、発達心理学の学際的研究および行動遺伝学に多大の関心を持っている。そのような立場から2015年に『性格はどのようにして決まるのか』（新曜社）を上梓した。この間、きわめて多数の論文、著作にあたったが、その中で遭遇した論文の著者の一人がプローミン教授であった。このグループの双生児研究を調べていくうちに見つけたのが、この本である。プローミン教授にお会いしたことはないが、魅力的なお仕事を多数されている先生である。また、日本語版の発行にあたり、著者に日本語版への序言の寄稿をお願いしたところ、快諾いただいた。お二人に深謝したい。この本の訳出にあたっては、新曜社の塩浦暲社長のご支援をいただいた。感謝申し上げたい。

　なお、英国の教育制度については『イギリスのいい子　日本のいい子』（佐藤淑子著、中公新書）を参照した。

文　献

1章　遺伝学、学校、学習

OECD (2010). *The High Cost of Low Educational Performance: The Long-run Economic Impact of Improving PISA Outcomes*. Paris: OECD. DOI: 10.1787/9789264077485-en.

Walker, S. O. and Plomin, R. (2005). The Nature-Nurture question: Teachers' perceptions of how genes and the environment influence educationally relevant behavior. *Educational Psychology, 25*, 509-516. DOI: 10.1080/01443410500046697.

さらに詳しく知るには：

Collins, Francis (2010). *The Language of Life: DNA and the Revolution in Personalized Medicine*. New York: HarperCollins Publishers.〔矢野真千子訳 (2011)『遺伝子医療革命：ゲノム科学がわたしたちを変える』NHK出版〕オーダーメード医療の進歩についての最上かつ理解しやすい解説書。

Pinker, Steven (2002). *The Blank Slate: The Modern Denial of Human Nature*. New York: Penguin Putnam Inc.〔山下篤子訳 (2004)『人間の本性を考える: 心は「空白の石版」か』NHKブックス〕ヒトはいまや白紙状態の脳を持って生まれてくるとは考えられていないのはなぜか、そしてなぜかつては白紙と考えられていたのか、重要で、しかも興味深い考察。

2章　我々は現在の知識をどのようにして得たか

Collins, Francis (2010). *The Language of Life: DNA and the Revolution in Personalized Medicine*. New York: HarperCollins Publishers.〔矢野真千子訳(2011)『遺伝子医療革命：ゲノム科学がわたしたちを変える』NHK出版〕

Harris, J. R. (1999). *The Nurture Assumption: Why Children Turn Out the Way they Do*. New York: Touchstone.〔石田理恵訳 (2000)『子育ての大誤解: 子どもの性格を決定するものは何か』早川書房〕

Hirschhorn, J. N. and Daly, M. J. (2005). Genome-wide association studies for common diseases and complex traits. *Nature Reviews Genetics, 6*, 95-108.

Watson, J. D. and Crick, F. H. C. (1953). Genetical implications of the structure of deoxyribonucleic acid. *Nature, 171*, 964-967.

さらに詳しく知るには：

Plomin, R. (2008). *State-of-Science Review: SR-D7-Genetics and the Future Diagnosis of Learning Disabilities. Review commissioned as part of UK Government's Foresight Project, Mental Capital and Wellbeing*. London: Government Office for Science. 一般的な学習障害の予測や予防に対する遺伝情報の可能性についての考察。

Plomin, R. (2013). Child development and molecular genetics: 14 years later. *Child Development, 84*(1), 104-20. DOI: 10.1111/j.1467-8624.2012.01757.x. 発達研究における遺伝子の同定と利用の進歩と新たな課題、そしてそれは我々の予測とどのように異なるものだったかについての解説。

Plomin, R. and Schalkwyk, L. C. (2007). Microarrays. *Developmental Science, 10*, 19-23.「遺伝子チップ」についてのさらに詳しい解説。

Plomin, R., DeFries, J. C., Knopik, V. S., and Neiderhiser, J. M. (2013). *Behavioral Genetics* 6th ed. New York: Worth. 行動遺伝学の第一級の教科書。第6版はこの領域の最新の解説書である。

Trouton, A., Spinath, F. M., and Plomin, R. (2002). Twins Early Development Study (TEDS): A multivariate, longitudinal genetic investigation of language, cognition, and behavior problems in childhood. *Twin Research, 5*, 444-448. TEDS 研究とその実例。

http://www.genome.gov/11006943. ヒトゲノム計画についてのさらなる情報（2013年6月17日アクセス）

3章　読む、書く

Chow, B. W.-Y., Ho, C. S.-H., Wong, S. W.-L., Waye, M. M. Y., and Bishop, D. V. M. (2011). Genetic and environmental influences on Chinese language and reading abilities. *PLoS One, 6*: e16640.

DeFries, J. C., Vogler, G. P., and LaBuda, M. C. (1986). Colorado Family Reading Study: An overview. In J. L. Fuller and E. C. Simnel (eds.), *Perspectives in Behavior Genetics* (pp.29-56). Hillsdale, NJ: Erlbaum.

Fisher, S. E. and DeFries, J. C. (2002). Developmental dyslexia: Genetic dissection of a complex cognitive trait. *Nature Reviews Neuroscience, 3*, 767-780.

Friend, A., DeFries, J. C., Olson, R. K., Pennington, B., Harlaar, N., Byrne, B., Samuelsson, S., Willcutt, E. G., Wadsworth, S. J., Corley, R., and Keenan, J. M. (2009). Heritability of high reading ability and its interaction with parental education. *Behavior Genetics, 39*, 427-436.

Hayiou-Thomas, M. E., Harlaar, N., Dale, P. S., and Plomin, R. (2006). Genetic and environmental mediation of the prediction from preschool language and nonverbal ability to 7-year reading. *Journal of Research in Reading, 29*(1), 50-74.

Hensler, B. S., Schatschneider, C., Taylor, J., and Wagner, R. K. (2010). Behavioral genetic approach to the study of dyslexia. *Journal of Developmental and Behavioral Pediatrics, 31*, 525-532.

Kovas, Y., Haworth, C. M. A., Dale, P. S., and Plomin, R. (2007). The genetic and environmental origins of learning abilities and disabilities in the early school years. *Monographs of the Society for Research in Child Development, 72*, 1-144.

Laranjo, I. and Bernier, A. (2012). Children's expressive language in early toddlerhood: Links to prior maternal mind-mindedness. *Early Child Development and Care, 72*, 748-767.

Mol, S. E. and Bus, A. G. (2011). To read or not to read: A meta-analysis of print exposure from infancy to early adulthood. *Psychological Bulletin, 137*(2), 267-296.

Oliver, B. R., Dale, P. S., and Plomin, R. (2007). Writing and reading skills as assessed by teachers in 7-year-olds: A behavioural genetic approach. *Cognitive Development, 22*(1), 77-95.

Olson, R. K. (2007). Introduction to the special issue on genes, environment and reading. *Reading and Writing, 20*, 1-11.

Paracchini, S., Thomas, A., Castro, S., Lai, C., Paramasivam, M., Wang, Y., and Monaco, A. P. (2006). The chromosome 6p22 haplotype associated with dyslexia reduces the expression of KIAA 0319, a novel gene involved in neuronal migration. *Human Molecular Genetics, 15*(10), 1659-1666.

Paracchini, S., Steer, C. D., Buckingham, L. L., Morris, A. P., Ring, S., Scerri, T., Stein, J., Pembrey, M. E., Ragoussis, J., Golding, J., and Monaco, A. P. (2008). Association of the KIAA0319 dyslexia susceptibility gene with reading skills in the general population. *American Journal of Psychiatry, 165*, 1576-1584.

Samuelsson, S., Byrne, B., Olson, R. K., Hulslander, J., Wadsworth, S., Corley, R., Willcutt, E. G., and DeFries, J. C. (2008). Response to early literacy instruction in the United States, Australia and Scandinavia: A behavioural-genetic analysis. *Learning and Individual Differences, 18*(3), 289-295.

Scerri, T. S., Morris, A. P., Buckingham, L. L., Newbury, D. F., Miller, L. L., Monaco, A. P., Bishop, D. V. M., and Paracchini, S. (2011). DCDC2, KIAA0319 and CMIP are associated with reading-related traits. *Biological Psychiatry, 70*, 237-245.

Scheffner-Hammer, C., Farkas, G., and Maczuga, S. (2010). The language and literacy development of Head Start children: A study using the Family and Child Experiences Survey Database. *Language, Speech and Hearing Services in Schools, 41*, 70-83.

Taylor, J., Roehrig, A. D., Hensler, B. S., Connor, C. M., and Schatschneider, C. (2010). Teacher quality moderates the genetic effects on early reading. *Science, 328*(5977), 512-514.

Wilcutt, E. G., Pennington, B. F., Duncan, L., Smith, S. D., Keenan, J. M., Wadsworth, S., DeFries, J. C., and Olson, R. K. (2010). Understanding the complex etiologies of developmental disorders: Behavioral and molecular genetic approaches. *Journal of Developmental and Behavioral Pediatrics, 31*, 533-544.

さらに詳しく知るには：

Haworth, C. M. A., Davis, O. S. P., and Plomin, R. (2013). Twins Early Development Study (TEDS): A genetically sensitive investigation of cognitive and behavioral development from childhood to young adulthood. *Twin Research and Human Genetics, 16*, 117-125.

4章 算 数

Freeman, H. (2006). Inside story: Dyscalculia. *The Times*, 10 June 2006.

Gladwell, M. (2008). *Outliers: The Story of Success*. New York: Little, Brown and Company.〔勝間和代訳 (2009)『天才！：成功する人々の法則』講談社〕

Schilpp, P. A. (Ed.) (1949). *Albert Einstein, Philosopher-Scientist*. Evanston, IL: Open Court.

さらに詳しく知るには：

Docherry, S. J., Davis, O. S. P., Kovas, Y., Meaburn, E. L., Dale, P. S., Petrill, S. A., Schalkwyk, L. C., and Plomin, R. (2010). A genome-wide association study identifies multiple loci associated with mathematics ability and disability. *Genes, Brain and Behavior, 9*, 234-247. 数学の能力に関する最初のゲノムワイド関連解析。ほかの場合同様、多数の遺伝子がそれぞれ小さな効果を持つことが明らかになった。

Kovas, Y., Haworth, C. M. A., Dale, P. S., and Plomin, R. (2007). The Genetic and Environmental Origins of Learning Abilities and Disabilities in the Early School Years. *Monographs of the Society for Research in Child Development 72*(3). New York, Oxford: Wiley-Blackwell. 小学生の成績と認知能力に関するTEDS研究の成果の詳細な解説。

Kovas, Y., Doherty, S., Davis, O., Meaburn, E., Dale, P. S., Petrill Stephen, S., Schalkwyk, L., and Plomin, R. (2009). Generalist genes and mathematics: The latest quantitative and molecular genetic results from the TEDS study. *Behavior Genetics, 39*(6), 663-664.「何でも屋遺伝子」仮説についての詳細。学校にとって最も大切なことは環境が専門家であるという発見である。

5章 体育 —— 誰が、何を、なぜ、どこで、どのように？

Audrain-McGovern, J., Rodriguez, D., Wileyto, P., Schmitz, K. H., and Shields, P. G. (2006). Effect of team sport participation on genetic predisposition to adolescent smoking progression. *Archives of General Psychiatry, 63*(4), 433-441.

Bouchard, C., An, P., Rice, T., Skinner, J. S., Wilmore, J. H., Gagnon, J., and Rao, D. C. (1999). Familial aggregation of VO2max response to exercise training: Results from the HERITAGE Family Study. *Journal of Applied Physiology, 87*(3), 1003-1008.

Dubois, L., Ohm Kyvik, K., Girard, M., Tatone-Takuda, F., Perusse, D., Hjelmborg, J., Wright, M. J., Lichtenstein, P., and Martin, N. G. (2012). Genetic and environmental contributions to weight, height, and BMI from birth to 19 years of age: An international study of over 12,000 twin pairs. *PLoS One, 7*: e30153.

Fisher, A., van Jaarsveld, C. H. M., Llewellyn, C. H., and Wardle, J. (2010). Environmental influences on children's physical activity: Quantitative estimates using a twin design. *PLoS ONE, 5*(4): e10110.

Grilo, C. M. and Pogue-Geile, M. F. (1991). The nature of environmental influences on weight and obesity: A behaviour genetic analysis. *Psychological Bulletin, 10*, 520-537.

Kelly, T., Yang, W., Chen, C. S., Reynolds, K., and He, J. (2008). Global burden of obesity in 2005 and projections to 2030. *International Journal of Obesity, 32*, 1431-1437.

Franklyn-Miller, A. (2011). Missed Olympic opportunity to get children exercising. *BBC News*, 21 November.

Maia, J. A. R., Thomis, M., and Beunen, G. (2002). Genetic factors in physical activity levels: A twin study. *American Journal of Preventive Medicine, 23*(2) (Supp 1) 87-91.

Skelton, J. A., Irby, M. B., Grzywacz, J. G., and Miller, G. (2011). Etiologies of obesity in children: Nature and nurture. *Pediatric Clinics of North America, 58*, 1333-1354.

Van der Aa, N., De Geus, E. J. C., van Beijsterveldt, T. C. E. M., Boomsma, D. I., and Bartels, M. (2010). Genetic influences on individual differences in exercise behavior during adolescence. *International Journal of Pediatrics*, 138345.

Wardle, J., Carnell, S., Haworth, C. M. A., and Plomin, R. (2008). Evidence for a strong genetic influence on childhood adiposity despite the force of the obesogenic environment. *American Journal of Clinical Nutrition, 87*, 398-404.

Yang, N., MacArthur, D. G., Gulbin, J. P., Hahn, A. G., Beggs, A. H., Easteal, S., and North, K. (2003). ACTN3 genotype is associated with human elite athletic performance. *The American Journal of Human Genetics, 73*(3), 627-631.

さらに詳しく知るには：
クロード・ブシャール教授の現在進行中のフィットネスと肥満に対する遺伝的・環境的影響およびHERITAGE家族研究についての追加情報は次のサイトを参照されたい：www.pbrc.edu/

heritage（2013年6月17日アクセス）

喫煙行動についての遺伝を考慮した研究の詳細なレビューは以下を参照：

Rose, R. J., Broms, U., Korhonen, T., Dick, D. M., and Kaprio, J. (2009). Genetics of smoking behavior. In Y.-K. Kim (ed.) *Handbook of Behavior Genetics* (pp.411-432). New York: Springer.

喫煙に関する研究はかつてないほど微妙なものになっている。例えば次の研究は人々の最初の喫煙は遺伝子と非共通環境の影響を受ける証拠を示している：

Haberstick, B. C., Ehringer, M. A., Lessem, J. M., Hopfer, C. J., and Hewitt, J. K. (2011). Dizziness and the genetic influences on subjective experiences of initial cigarette use. *Addiction, 106*, 391-399.

6章　科学（理科）──違う思考法？

Haworth, C. M. A., Dale, P., and Plomin, R. (2008). A twin study into the genetic and environmental influences on academic performance on science in nine-year-old boys and girls. *International Journal of Science Education, 30*(8), 1003-1025.

Haworth, C. M. A., Dale, P., and Plomin, R. (2009). The etiology of science performance: Decreasing heritability and increasing importance of the shared environment from 9 to 12 years of age. *Child Development, 80*(3), 662-673.

Haworth, C. M. A., Dale, P., and Plomin, R. (2010). Sex differences in school science performance from middle childhood to early adolescence. *International Journal of Educational Research, 49*(2), 92-101.

Haworth, C., Davis, O. S., Hanscombe, K. B., Kovas, Y., Dale, P. S., and Plomin, R. (2013). Understanding the science-learning environment: A genetically sensitive approach. *Learning and Individual Differences, 23*, 145-150.

Jenkins, E. W. and Nelson, N. W. (2005). Important but not for me: Students' attitudes towards secondary school science in England. *Research in Science and Technological Education, 23*, 41-57.

Osborne, J., Simon, S., and Collins, S. (2003). Attitudes towards science: A review of the literature and its implications. *International Journal of Science Education, 25*, 1049-1079.

Wang, M. T., Eccles, J. S., and Kenny, S. (2013). Not lack of ability but more choice: Individual and gender differences in choice of careers in science, technology, engineering, and mathematics. *Psychological Science, 24*(5), 770-775.

7章　IQと意欲はどうやったらうまく一致するか？

Blackwell, L. S., Trzesniewski, K. H., and Dweck, C. S. (2007). Implicit theories of intelligence predict achievement across an adolescent transition: A longitudinal study and an intervention. *Child Development, 78*, 246-263.

Gottfredson, L. S. and Deary, I. J. (2004). Intelligence predicts health and longevity, but why? *Current Directions in Psychological Science, 13*(1), 1-4.

Gunderson, E. A., Gripshover, S. J., Romero, C., Dweck, C. S., Goldin-Meadow, S., and Levine, S. C. (2013). Parent praise to 1- to 3-year-olds predicts children's motivational frameworks 5 years later. *Child Development*, in press.

Haworth, C. M. A., Asbury, K., Dale, P. S., and Plomin, R. (2011). Added value measures in education show genetic as well as environmental influence. *PloS one 6*(2), e16006.

Haworth, C. M. A., Wright, M. J., Luciano, M., Martin, N. G., De Geus, E. J. C., Van Beijsterveldt, C. E. M., ... and Plomin, R. (2009). The heritability of general cognitive ability increases linearly from childhood to young adulthood. *Molecular Psychiatry, 15*(11), 1112-1120.

Sternberg, R., Grigorenko, E., and Bundy, D. A. (2001). The predictive value of IQ. *Merrill-Palmer Quarterly, 47*(1), 1-41.

さらに詳しく知るには：

Dweck, C. (2006). *Mindset: The new psychology of success*. New York: Random House.〔今西康子訳 (2016)『マインドセット：「やればできる!」の研究』草思社〕ドゥエックの「固定された思考態度」対「成長する思考態度」理論と、どのように思考態度を育てるかについての一般向けの解説。より学問的な解説は次の論文を参照されたい：Dweck, C. (2000). *Self-Theories: Their Role in Motivation, Personality and Development*. New York: Psychology Press.

Plotz, D. (2005). *The Genius Factory: The Curious History of the Nobel Prize Sperm Bank*. New York: Random House. ノーベル賞受賞者の精子バンク「遺伝的選択貯蔵庫」から生まれた子どもたちについてのプロッツの大変興味深い追跡調査。

8章　特別な教育の必要性　──　着想とインスピレーション

Hodapp, R. M. and Dykens, E. M. (2009). Intellectual disabilities and child psychiatry: Looking to the future. *Journal of Child Psychology and Psychiatry, 50*, 99-107.

9章　教室の中の「クローン」

Asbury, K., Almeida, D., Hibel, J., Harlaar, N., and Plomin, R. (2008). Clones in the classroom: A daily diary study of the nonshared environmental relationship between monozygotic twin differences in school experience and achievement. *Twin Research and Human Genetics: The Official Journal of the International Society for Twin Studies, 11*(6), 586.

Csikszentmihalyi, M. and Csikszentmihalyi, I. S. (1988). *Optimal Experience: Psychological Studies of Flow in Consciousness*. New York: Cambridge University Press.

Rutter, M., Maughan, B., Mortimore, P., and Ouston, J. (1979). *Fifteen Thousand Hours*. Cambridge, MA: Harvard University Press.

さらに詳しく知るには：

環境の作用に関する新しい着想を生み出すための、一卵性双子の家族についてのさらなる考察：Asbury, K., Dunn, J., and Plomin, R. (2006). The use of discordant MZ twins to generate hypotheses regarding non-shared environmental influence on anxiety in middle childhood. *Social Development, 15*, 564-570. この論文は生まれて間もないころのいじめや衝撃的な出来事が不安の予測因子である可能性について論じている。

10章 ギャップに注意 —— 社会的地位と学校の質

Brown, E. D. and Low, C. M. (2008). Chaotic living conditions and sleep problems associated with children's responses to academic challenge. *Journal of Family Psychology, 22*, 920-923.

Evans, G. W., Ricciuti, H. N., Hope, S., Schoon, I., Bradley, R. H., Corwyn, R. F., and Hazan, C. (2010). Crowding and cognitive development: The mediating role of maternal responsiveness among 36-month-old children. *Environment and Behavior, 42*(1), 135-148.

Goldthorpe, J. H. (2012). *Understanding - and Misunderstanding - Social Mobility in Britain: The Entry of the Economists, the Confusion of the Politicians and the Limits of Educational Policy*. Oxford: Barnett Papers in Social Research. http://www.spi.ox.ac.uk/fileadmin/documents/pdf/Goldthorpe_Social_Mob_paper.pdf (2013年6月25日アクセス)

Hanushek, E. A. (2010). The Economic Value of Higher Teacher Quality. NBER Working Paper Series, Working Paper 16606 http://www.nber.org/papers/w16606.

Heckman, J. J. (2006). Investing in disadvantaged young children is an economically efficient policy. Presented at the Committee for Economic Development/The Pew Charitable Trusts/PNC Financial Services Group Forum on "Building the Economic Case for Investments in Preschool" New York, January 10, 2006.

Melki, I. S., Beydoun, H. A., Khogali, M., Tamim, H., and Yunis, K. A. (2004). Household crowding index: A correlate of socioeconomic status and inter-pregnancy spacing in an urban setting. *Journal of Epidemiology and Community Health, 58*(6), 476-480.

Purcell-Gates, V., McIntyre, E., and Freppon, P. A. (1995). Learning written storybook language in school: A comparison of low-SES children in skills-based and whole-language classrooms. *American Educational Research Journal, 32*(3), 659-685.

Reynolds A. J., Temple J. A., Ou S., et al. (2007). Effects of a school-based, early childhood intervention on adult health and well-being: A 19-year follow-up of low-income families. *Archives of Pediatrics and Adolescent Medicine, 161*(8), 730-739.

Schoon, I., Jones, E., Cheng, H., and Maughan, B. (2012). Family hardship, family instability and cognitive development. *Journal of Epidemiology and Community Health, 66*(8), 716-722.

Schweinhart, L. J., Montie, J., Xiang, Z., Barnett, W. S., Belfield, C. R., and Nores, M. (2005). Lifetime Effects: The HighScope Perry Preschool Study Through Age 40. *Monographs of the HighScope Educational Research Foundation, 14*, Ypsilanti, Ml: HighScope Press.

Walker, S. O., Petrill, S. A., and Plomin, R. (2005). A genetically sensitive investigation of the effects of the school environment and socio-economic status on academic achievement in seven-year olds. *Educational Psychology, 25*(1), 55-73.

さらに詳しく知るには：

無秩序な家庭における生まれと育ちについての、遺伝を考慮したケン・ハンスコムの研究については次の2つの論文を参照されたい：Hanscombe, K. B., Haworth, C., Davis, O. S., Jaffee, S. R., and Plomin, R. (2010). The nature (and nurture) of children's perceptions of family chaos. *Learning and Individual Differences, 20*(5), 549-553; and Hanscombe, K. B., Haworth, C., Davis, O. S., Jaffee, S. R., and Plomin, R. (2011). Chaotic homes and school achievement: A twin study. *Journal of Child Psychology and*

Psychiatry, 52(11), 1212-1220.
遺伝子と社会的地位と成績の関係についての異なる解釈はチャールズ・マレーの次の本が興味深い：Murray, C. (2008). *Real Education: Four Simple Truths for Bringing America's Schools Back to Reality*. New York: Three Rivers Press.

12章　個別化の実際
Beadle, P. (2008). A step too far. *The Guardian*, 1 April 2008.
http://www.carnegielearning.com/ (2013年6月17日アクセス)

さらに詳しく知るには：
情報通信技術ほかのさまざまな方法を用いた、個別化教育を実行するための興味深いアプローチについては、"School of One"（君だけの学校）についての次の記事とビデオを参照されたい：
http://www.theatlantic.com/magazine/archive/2010/07/the-littlest-schoolhouse/308132/1/（2013年6月17日アクセス）
http://schoolofone.org/concept_introvideos.html?playVideo（2013年6月17日アクセス）

索　引

■アルファベット
ACTN3　60-62
CKM　58
DNAアレイ　17, 18
DNAチップ　11
DRD2　53, 54
G×E（ジー・バイ・イー）　28, 29
KIAA0319　31, 32
SLC6A3　53, 54

■あ行
アルファ・アクチニン3　60-62
異常も正常も一連のもの（異常は正常である）　22, 34, 124, 144
一塩基多型（SNP、スニップ）　18, 43, 44
一般中等教育修了証（GCSE）　105, 106
一般認知能力（g）　79, 81, 82, 86, 125
遺伝子－環境相互関係（作用）　9, 27, 28, 54, 56, 59, 70, 71, 113, 117-119, 121, 126, 138, 143, 147, 150, 154, 163, 166
遺伝子チップ　17, 18, 158
遺伝子は万能選手（何でも屋）、環境は専門家　42, 77, 125
イムノチップ　18
ウイリアムズ症候群　91-94, 96
失われた遺伝性　i

■か行
カーネギー・ラーニング（ソフト）　133-138
カルジオチップ　18
考える技術　107, 147-149
喚起型遺伝子－環境相互関係　9, 28, 46, 72
キー・ワーカー　146, 147, 150, 151, 153, 154, 158, 161, 163
喫煙　52-55, 151

共通環境　15, 16, 24, 25, 34, 50, 51, 55-57, 65, 68, 70, 71, 82, 108, 118, 119, 148, 149, 151
グラフィーム（書記素）　20
経済協力開発機構（OECD）　4, 73
計算力障害　40, 41, 144
ゲノムワイド関連解析（GWAS）　18, 43
個人教育プラン　146, 147, 154
固定された思考態度　135-138

■さ行
最大酸素摂取量　58
思考態度　135-138, 142, 144
思考の適応制御－理性（ACT-R）　134, 138
失読症　30-33, 144
社会経済的地位（SES）　27, 111-115, 117, 119-122, 148, 149
社会的流動性　6, 113, 119
シュアスタート　80, 81, 117, 118
受動的遺伝子－環境相互関係　9, 28, 72, 116
スクール・アクション　95
スクール・アクション・プラス　95, 96
正規分布（ベル型曲線）　6, 21, 22, 26, 30, 32, 36, 38, 74, 104, 117, 123, 124, 127
精子バンク　83
成長する思考態度　135-138, 144, 149
全ゲノムDNA配列法　17
相関係数　14, 15, 80
双生児早期発達研究（TEDS）　iii, 13, 34, 36, 37, 40, 42, 44, 55, 68-70, 72, 74, 82, 85-87, 96, 101, 104, 116, 121

■た行
大学進学適正試験（SAT）　132
ダウン症　91-94, 96
チャールズ・バークレー　59

ドーパミン　53, 54

■な行

何でも屋遺伝子　42, 68, 92, 135
日記　101, 102,
認知チューター　134, 135
能動的遺伝子－環境相互関係　10, 28, 51, 72, 116, 126

■は行

白紙　4, 5, 11, 86, 153, 165
はずれ値　22, 38
非共通環境　15, 16, 24, 25, 34, 50, 65, 68, 70, 71, 82, 104, 107, 108, 127, 154
ヒトゲノムプロジェクト（計画）　17, 165
フォニーム（音素）　20
フォニックス　29, 30
プラダー・ウィリ症候群　91-93, 96
フロー　103-105, 107
ヘッドスタート　27, 80, 81, 117, 118
ポルテージ・サービス　98, 115, 150

■ま行

マイクロアレイ　11
メンサ　79, 84

■や行

ユネスコ　7, 139

■ら行

ラーニングチップ　18, 125, 134, 142
量的形質遺伝子座（quantitative trait loci: QTL）仮説　21, 22, 32, 43, 63, 68, 124

著者紹介

キャスリン・アズベリー（Kathryn Asbury）
英国ヨーク大学教育心理学センター講師。子どもの成績、行動、幸福に及ぼす家庭および学校環境の影響に関する広範な研究を行っている。

ロバート・プローミン（Robert Plomin）
英国ロンドン大学キングスカレッジのMRC社会・遺伝・発達心理学センターの行動遺伝学教授。双生児早期発達研究（TEDS）の創始者で主任研究者。行動遺伝学に関する500編以上の論文と1ダースの単行本を発表している。なお、アメリカ心理学会の学術雑誌によれば、氏は20世紀の著名な心理学者100人に選ばれている。

訳者紹介

土屋廣幸（つちや・ひろゆき）
ラ・サール高校卒、熊本大学医学部卒、熊本大学大学院医学研究科修了、熊本大学医学部小児科助手、米国テキサス大学M.D.アンダーソンがんセンター留学、NTT九州病院小児科部長をへて現在、福田病院小児科健診部長（医師、医学博士）。専門は、小児科学。新生児の出生数が年間3400人以上と日本で一番多い病院で、新生児と乳児の健診を行うとともに、発達心理学の学際的研究および行動遺伝学に多大の関心を持っている。小児血液学、遠隔医療、小児発達学についての論文多数。
著書：単著『混迷の時代を生きる君へ』（大学教育出版）、『性格はどのようにして決まるのか』（新曜社）、ほか共著3冊（うち2冊は英文）

遺伝子を生かす教育
　　　　行動遺伝学がもたらす教育の革新

初版第1刷発行　2016年11月10日

著　者　キャスリン・アズベリー
　　　　ロバート・プローミン
訳　者　土屋廣幸
発行者　塩浦　暲
発行所　株式会社　新曜社
　　　　101-0051　東京都千代田区神田神保町3－9
　　　　電話（03）3264-4973（代）・FAX（03）3239-2958
　　　　e-mail : info@shin-yo-sha.co.jp
　　　　URL : http://www.shin-yo-sha.co.jp
組　版　Katzen House
印　刷　新日本印刷
製　本　イマキ製本所

Ⓒ Kathryn Asbury, Robert Plomin, Hiroyuki Tsuchiya,
2016 Printed in Japan
ISBN978-4-7885-1502-4 C1037

新曜社の関連書

性格はどのようにして決まるのか
遺伝子、環境、エピジェネティックス
土屋廣幸
四六判208頁
本体 2100円

知能と人間の進歩
遺伝子に秘められた人類の可能性
J. R. フリン
無藤隆・白川佳子・森敏昭 訳
A5判160頁
本体 2100円

いじめ・暴力に向き合う学校づくり
対立を修復し、学びに変えるナラティヴ・アプローチ
J. ウィンズレイド & M. ウィリアムズ
綾城初穂 訳
A5判272頁
本体 2800円

インプロをすべての教室へ
学びを革新する即興ゲーム・ガイド
C. ロブマン & M. ルンドクゥイスト
ジャパン・オールスターズ 訳
A5判232頁
本体 2100円

越境する対話と学び
異質な人・組織・コミュニティをつなぐ
香川秀太・青山征彦 編
A5判 400頁
本体 3600円

ワードマップ 学校臨床社会学
教育問題の解明と解決のために
今津孝次郎
四六判272頁
本体 2500円

ワードマップ 認知的個性
違いが活きる学びと支援
松村暢隆・石川裕之・佐野亮子・小倉正義 編
四六判324頁
本体 2700円

理解するってどういうこと？
「わかる」ための方法と「わかる」ことで得られる宝物
E. O. キーン
山元隆春・吉田新一郎 訳
A5判448頁
本体 2200円

支配的動物
ヒトの進化と環境
P. エーリック & A. エーリック
鈴木光太郎 訳
A5判416頁
本体 4200円

遺伝子は私たちをどこまで支配しているか
DNAから心の謎を解く
W. R. クラーク & M. グルンスタイン
鈴木光太郎 訳
四六判432頁
本体 3800円

われらはチンパンジーにあらず
ヒト遺伝子の探求
J. テイラー
鈴木光太郎 訳
四六判424頁
本体 4200円

遺伝子と文化選択
「サル」から「人間」への進化
帯刀益夫
四六判264頁
本体 2600円

脳科学革命
脳と人生の意味
P. サガード
無藤 隆 監訳／松井由佳・松井愛奈 訳
四六判424頁
本体 4200円

＊表示価格は消費税を含みません。